SOBRE-VIVENTES!

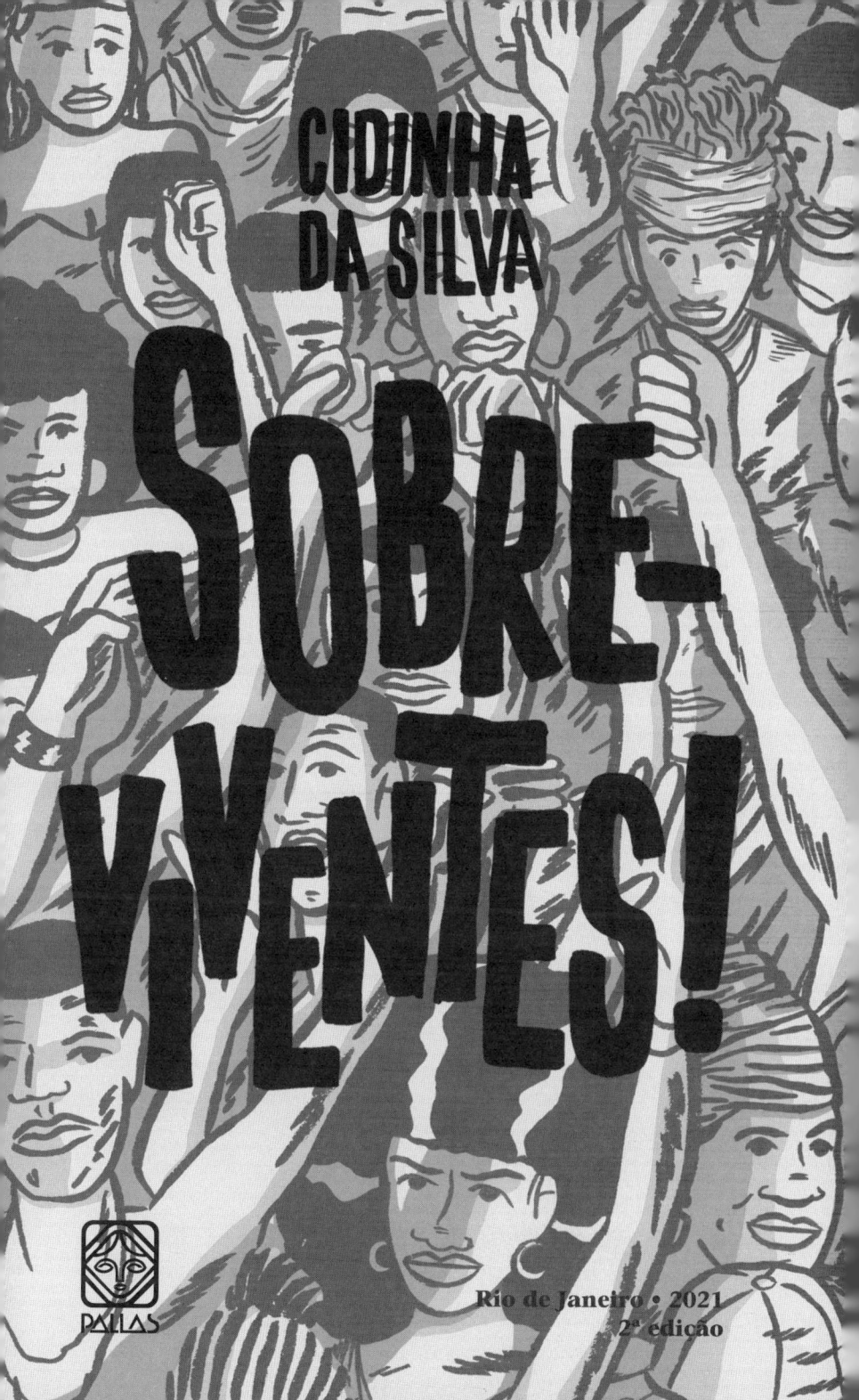

Copyright © 2021
Cidinha da Silva

Editoras
Cristina Fernandes Warth
Mariana Warth

Coordenação de design e produção
Daniel Viana

Preparação de originais
Léia Coelho

Revisão
BR 75 | Julya Tavares

Capa
Rafael Nobre e Cadu França

Este livro segue as novas regras do Acordo Ortográfico da Língua Portuguesa.

Todos os direitos reservados à Pallas Editora e Distribuidora Ltda. É vetada a reprodução por qualquer meio mecânico, eletrônico, xerográfico etc., sem a permissão por escrito da editora, de parte ou totalidade do material escrito.

CIP-BRASIL. CATALOGAÇÃO-NA-FONTE
SINDICATO NACIONAL DOS EDITORES DE LIVROS, RJ

S579s
2. ed.

Silva, Cidinha da, 1967-
Sobre-viventes! / Cidinha da Silva. - 2. ed. - Rio de Janeiro : Pallas, 2021.
144 p. ; 21 cm.

ISBN 978-65-5602-048-8

1. Crônicas brasileiras. I. Título.

21-71475 CDD: 869.8
CDU: 82-94(81)

Meri Gleice Rodrigues de Souza - Bibliotecária - CRB-7/6439

Pallas Editora e Distribuidora Ltda.
Rua Frederico de Albuquerque, 56 – Higienópolis
CEP 21050-840 – Rio de Janeiro – RJ
Tel.: 21 2270-0186
www.pallaseditora.com.br | pallas@pallaseditora.com.br

Para todas as pessoas que insistem em ser gente, a despeito do horror que paira sobre nossas cabeças.

Sumário

11 PREFÁCIO
A literatura banta de Cidinha da Silva

17 Nota à segunda edição

19 Um tigre não anuncia sua tigritude, ele ataca!

23 O dia em que William Bonner chorou

25 Higienópolis

27 Vida de gato

29 O livro de receitas da D. Benta

31 Notícias

33 Mundo dos aplicativos

35 Para não dizer que não falei de flores

37	É só alegria!
39	Profissão de fé!
41	Os selos e as bolsas
43	Marigô
47	Sujeito oculto
51	O que é do homem o bicho não come
53	O vizinho do 102
57	Emílio Santiago!
59	O renascido
63	Michelangelo dá um ninja no rio e é capturado
65	Empresa familiar
69	Setoró
71	Voe, Velho Madiba, espelho da liberdade!
73	A catarse coletiva das cartas a Lula
75	Assata Shakur e Nhá Chica
79	Sobre o sono dos cavalos e o transporte público em São Paulo
81	Falsetes de junho
85	Será a volta do monstro?
87	Sobre-viventes
89	Navalha na carne negra: três escolas de teatro negro em cena
93	Lira Ribas e Valdineia Soriano, as melhores atrizes do Festival de Brasília do Cinema Brasileiro (2016 e 2017)

97	Ação de marketing de Felipe Neto na Bienal do Rio
101	Um caso de amor entre vela e pólvora
103	125 anos de abolição e eles gritam mais uma vez que o poder é branco!
105	Os velhos se vão, o velho grita
107	Antologia do quartinho de empregada no Brasil
111	Nota sobre a abolição da escravidão e o racismo
115	O leilão da virgem e a fita métrica
119	A guerra
121	Me leva, Calunga, me leva...
125	Estamos por nossa própria conta
127	Ana Paula Maia vende livros porque é negra, ou nos lembramos de que ela é negra como justificativa às vendas marcantes? A propósito, ser escritora negra é sinônimo de venda de livros no mercado brasileiro?
131	Corra para o cinema e depare-se com o racismo miúdo de todos os dias!
137	Setecentos motivos para desejar que o filme de Taís Araújo sobre a doutora Joana D'Arc Félix aconteça
141	Branco sempre sabe quem é negro. Nós, negros, é que nos confundimos (e nos dispersamos)!

PREFÁCIO
A literatura banta de Cidinha da Silva

Literatura não se faz sem alegria e precisão. Mas não é de qualquer alegria que falo. Nem de qualquer precisão. Ela tem rastro, tem rosto, tem tradição. E tradição se faz com inovação e ousadia. Dialoga com o passado criativo. Mantém e inventa valores. Confronta-os. Amplia a liberdade. Não teme. Não vacila. Avança. Assim, a literatura banta de Cidinha da Silva, que traz como marca de nascimento autonomia e liberdade, intencionalidade e humor, criatividade e crítica, e, de maneira deliciosamente contemporânea, faz uma leitura singular do espírito humano. Assim mesmo: este livro de crônicas tem o mérito, despretensioso, de navegar por entre a alma líquida dos humanos, de perceber suas cores, muitas vezes desbotadas, de sacar sua valia, tantas vezes escondida, de penetrar seus segredos – sem revelá-los. De juntar-se a eles. De aí conviver. De sorver da aventura humana o que de humano houver, ainda que nas raias da inumanidade.

Ainda que disfarçados em mil farsas do dia a dia. Aliás, essa é a alma humana captada pelo *Sobre-viventes!*: um desfile de cotidiano, porque para ela não há outra passarela.

Há que ter domínio da linguagem para não se incorrer no pecado da pretensão. Precisa-se dominar o campo. Seguir o roteiro. Precisa a concepção de literatura. Sem vaidade deslumbrada. Um projeto com caminho certo e direção. Profissional. De quem sabe dar um passo certeiro, pensando em outro. Para quem a crônica é mais um exercício de linguagem e expressão que, neste caso, deslinda numa profusão de variedade estilística. Multiplicidade de estilo e unicidade de concepção fazem de *Sobre-viventes!* um livro único.

Aliás, este não é um livro escrito para os sobreviventes. Eles estão por toda parte, é verdade. Têm voz e corpo. Recebem até homenagens, mas também a ironia cortante da navalha de Cidinha. Estão em tipos genéricos, clivados pelo gênero e sexualidade. Estão na literatura, na política, no ativismo, em personagens de novela, no cancioneiro brasileiro. Estão, sobretudo, no perfil comum de muitos personagens, que pululam entre as linhas do texto, mas estas linhas não foram escritas para eles.

É um livro sobre *viventes*. Os que sabem viver e dão contorno à alma humana. Nada nobre. Nada mísera. Humana e só. Atravessados pela flecha do racismo, da homofobia, da vaidade, do egocentrismo; marcados pela solidão – acuidade do viver nos tempos do agora. É um livro forte para um tempo frágil. Exige posicionamento – mérito maior da crônica. Demove. Incomoda. Seduz. Um livro para o qual não se derrama água morna. Livro para quem tem pulso. Para quem inflama. Para quem explode. Para quem tem dendê. Para quem ama.

É a vida como obra de arte, mas sem afetação de idealismo. Não anda no território fantasmagórico do artista iludido e deslumbrado com sua verve. É um talento a serviço. É generosidade corrosiva. Não é cristã, não defende moral de

SOBRE-VIVENTES!

rebanho. É literatura banta, pois não! Sempre com os pés cravados no chão do acontecimento, metafísica telúrica de corpos em movimento.

Aqui os *viventes* têm nome e rosto. Emílio Santiago. Alice Walker. Assata Shakur. Nhá Chica. Anastácia. Luis Gama. Joaquim Barbosa. Madiba, Maria Goreth. São fortes e não são puros. Ambíguos e negros. Não se explicam para o mundo e não pedem licença. É presença! Não modelo. Existem por si mesmos. Não sobrevivem, são viventes! Combatem, não lacrimejam.

Muito mais que a ironia, presente na maioria das páginas destas crônicas, temos uma fúria que as atravessa. Uma fúria santa? Não. Uma fúria banta! Avassaladora. Não poupa nenhuma paisagem: vamos do teatro à novela, das manifestações de junho ao congresso nacional. Múltiplas paisagens para múltiplas abordagens. Escrita de fio de navalha: perigosa, ardilosa, sedutora. Que expertise na manipulação da linguagem tem nossa autora! O que dizer de "O livro de receitas da D. Benta"? Para muito além do sentido óbvio do racismo, de resto, nunca olvidado por Cidinha, temos um texto que se diz pela imagem que em tudo ultrapassa o dito: o protagonismo da sobrinha, o orgulho da tia, a sem graça da anfitriã... Imagens que se superpõem em hipertexto, levando o leitor (a leitora) muito mais longe que o texto conciso. Texto conciso que aposta na imagem para trair seu conteúdo e expande, infinitamente, numa cena que, cotidiana, é eterna no tempo da alma humana, cravada por toda sorte de mesquinharia e aniquilação da humanidade do outro-negro. Da senhora branca que não cozinha, mas que figura como nome próprio no livro de receitas, ao conjunto de louça caribenha, sofisticado, com a imagem da preta desdentada vendendo pimentas. Postura, pertencimento, argúcia perfilados num texto curto de imagens extensas. De um lado uma sobrevivente, a dona embasbacada da casa; de outro, a visita (sobrinha), *vivente* que não permite que os sem noção e excludentes lhe toquem a cabeça. Dignidade *versus* mesmice. Dona de si *versus* produto mimético dos que apenas repetem e não singularizam a vida. Ou, ainda, o que dizer do "Mundo dos aplicativos", cuja linguagem é direta e fere fundo, sem tréguas, o miserê humano. "Vida de gato", que encurrala, pela escrita, um estéril tipo de homem. E "Marigô"? Que delícia! Que humor! Esse jeito de Cidinha dizer com os tipos humanos o que existe de humanidade. Esse jeito safo de prestar mais atenção ao que *é* do que ao que deveria ser. Essa coisa banto de viver no mundo a partir da pele, e não escapulir para a escatologia. Viver tudo o que é natural! Viver mais que sobreviver. Antecipar no acontecimento o sentido que lhe é inerente sem escapismo para outro mundo. Não existe outro mundo. As coisas se dão e se resolvem aqui. Materializam-se em acontecimentos, fatos e pessoas. Aliás, um livro de crônicas se notabiliza também pelas personagens que cria ou menciona. E pelas paisagens que recria. Neste, os homens francamente vão mal, mas vão mal demais! Há exceções, visto que este é um livro de literatura banta, que vive da complexidade e não tolera simplismo. As mulheres, ah, as mulheres! Infinitamente mais plásticas, mais várias, mais humanas, mais coloridas, mais protagonistas, mais felinas, mais cotidianas, menos retas, mais curvas, mais viventes, mais humanas. Quanto ao mundo heteronormativo, só posso dizer que, com as crônicas de Cidinha, ele "pira"! Não me impressiona que ela corra o risco do texto caricato e, em nenhum caso, caia na armadilha. A autora escapa, de longe, da literatura cifrada e ideologicamente identificada. É arte, não ideologia! Ela fala como mulher, negra, lésbica – seu modo de habitar a vida. É seu ponto de partida e não de chegada. Faz literatura banta, universalizável desde seu lugar de pertencimento. Cria seu próprio modo de expressão. Constitui seu universo. Escolhe suas referências. Diz com o estilo o que não se pode dizer com a frase. Ultrapassa o dito

SOBRE-VIVENTES!

com o dizer. Para mim, isso é literatura. Dizer para além do dito. Intencionalmente ocultar para revelar. Revelar ocultando. Nesse jogo, deslinda-se o humano. Mas, "humano" é ainda genérico: neste livro desnudam-se os sobreviventes e os viventes. Um tratado literário *sobre-viventes*, que me leva à tentação de comentar uma a uma das crônicas da mineira cosmopolita; porém, não cometerei esse abuso com seus leitores. O sentido tônico destas crônicas não está no seu leito, mas à margem. (Ó Margem!) Cidinha desenha sentidos para a Senhora dos Ventos. Da Passagem. A mais dona de si das senhoras que já foram pássaros. A que passa com maior destreza – e delicadeza – a face dos nove mundos. A que passa de maneira belicosa – e graciosa – as mazelas dos sobre-viventes. Literatura afiada, batizada, banta, que sabe alfabetizar tempestades. Ela mesma, Cidinha, uma tempestade alfabetizada. Um rosto que olha de frente. Olhar que não se esquiva. Ventania e brisa, mora? Uma velocidade própria, e, já se pode dizer, ao longo desses nove livros (nove mundos de Oyá?), uma literatura própria.

Com rajadas bem temperadas entre brisa e fúria, ironia e humor, perspicácia e alusão, que essas crônicas sobre-vivam a Crónos, e que os viventes sobreponham-se aos sobreviventes, posto que sua força e beleza são mais bonitas que a opacidade. Benesses de uma literatura banta que, talvez, saiba até coabitar o Tempo, esse deus velho e sábio que saberá, sábio que é, gozar da companhia de Oyá e dançar pelos nove mundos da criatividade, e ver nascer infinitos livros da lavra dessa escritora vivente, intensa, intempestivamente deliciosa.

Eduardo Oliveira
(filósofo, antropólogo, educador e aprendiz de poeta)

Nota à segunda edição

Nesta nova edição de *Sobre-viventes!*, alguns textos foram substituídos por onze novas crônicas:

1 – Um tigre não anuncia sua tigritude, ele ataca!
2 – Os selos e as bolsas
3 – A catarse coletiva das cartas a Lula
4 – Navalha na carne negra: três escolas de teatro negro em cena
5 – Lira Ribas e Valdineia Soriano, as melhores atrizes do Festival de Brasília do Cinema Brasileiro (2016 e 2017)
6 – Ação de marketing de Felipe Neto na Bienal do Rio
7 – Estamos por nossa própria conta
8 – Ana Paula Maia vende livros porque é negra, ou nos lembramos que ela é negra como justificativa às vendas marcantes? A propósito, ser escritora negra é sinônimo de venda de livros no mercado brasileiro?

9 – Corra para o cinema e depare-se com o racismo miúdo de todos os dias!

10 – Setecentos motivos para desejar que o filme de Taís Araújo sobre a doutora Joana D'Arc Félix aconteça

11 – Branco sempre sabe quem é negro. Nós, negros, é que nos confundimos (e nos dispersamos)!

Boa leitura deste *Sobre-viventes!* novo!

Um tigre não anuncia sua tigritude, ele ataca!

Somos poucas. Somos raras. Mas isso não é o suficiente para sermos consideradas em nossa singularidade. Ao contrário, o sistema racista vale-se do expediente de agrupamento, com o objetivo de dizer que "somos todas a mesma coisa e por isso podemos ser colocadas na mesma prateleira e tratadas como o bloco monolítico 'mulher negra'". Em atitude complementar, existe uma forte tendência de um conjunto de mulheres negras escritoras de se apresentar coletivamente, como estratégia de proteção e fortalecimento. Daí decorrem expressões como: "A mulher negra escreve de tal jeito, sobre este ou aquele tema, considerando tais e tais premissas", como se existisse a entidade "escritora negra" que nos representasse de maneira indistinta.

Adicionalmente, estamos agora solapadas por um debate epitelial sobre o "lugar de fala", entendido como o direito de abordar ou não certos temas restritos aos sujeitos sociopolíticos que os protagonizam. A maneira rasa como essa demanda política tem sido enunciada na chave da também superficial noção de "empoderamento" oblitera a questão profunda proposta por feministas e grupos de esquerda há décadas, no sentido de exigir condições para que a voz dos que eram calados, apagados, subalternizados, pudesse ser pronunciada em alto e bom som, e que houvesse escuta adequada.

A expressão "lugar de fala", em larga medida, tem funcionado como um tropo na contemporaneidade para dizer: "Você (branco, homem, pessoa cis) não pode falar porque já me apagou (pessoas negras, LGBTQI+, não binárias, mulheres negras), ignorou, violentou por tanto tempo, que agora é minha vez de falar e você vai ficar calado." É um tropo, haja vista que machismo, racismo, LGBTQfobia, entre outras estratégias de conquista e manutenção de poder de uns grupos humanos sobre outros, constituem-se como sistemas complexos, intrincados e bem maiores do que as pessoas. E disputa de poder é algo maior do que "empoderamento" de pessoas subalternizadas, mera ação externa à pessoa esvaziada de poder, ao supostamente investi-la de poder ("empoderá-la").

Esse quadro inclui, entre outros resultados no mundo do livro, o surgimento recente da pequena seção "literatura de mulheres negras" em livrarias grandes e médias, uma espécie de "frango com tudo dentro", na qual se misturam autoras de livros de autoajuda, de empoderamento, autoficção, exemplos de superação, abordagens teóricas para todos os níveis de exigência e também literatura. Livros escritos por autoras brasileiras, estadunidenses, africanas e da diáspora, notadamente aquelas que tiveram ou têm destaque nas principais plataformas e festivais de literatura legitimados e incensados pelo sistema literário, e que também gozam de lugares destacados no sistema midiático. Eu adoro essas seções, não se enganem. Acho importante que existam, torço (e trabalho) para que cresçam e tornem-se mais estruturadas, menos um "armarinho de secos e molhados". Dado esse contexto, como me posiciono? Como o tigre de Soyinka, eu ataco. Não peço autorização para falar, nem para ser quem sou. Tampouco me apequeno nos "lugares de fala" que o sistema literário e o sistema racista tentam definir para mim, pois isso nos circunscreve numa caixinha e deixa o restante do mundo para eles. A gente se enclausura na masmorra do "lugar de fala", enquanto a política de geração, garantia e propagação de privilégios da branquitude segue ditada das torres do castelo. Minha identidade negra me define e inscreve no mundo. Sei de onde vim, quem sou, onde estou (porque estou aqui) e aonde quero chegar. Sou uma mulher negra e experimento todos os atravessamentos que isso engendra numa sociedade estruturalmente racista e racializada como a brasileira. Isso posto, sou livre e me proponho a discutir os processos envolvidos na produção dos 19 livros que publiquei em 15 anos de carreira.

Dissecarei o racismo todas as vezes que ele se apresentar de frente ou se esconder nas entrelinhas, no que é subliminar, no não dito dos processos criativos em que esteja envolvida. Mas esse é um entre os inúmeros temas que me interessam, me atravessam ou se impõem. E haverá sempre o desafio de como abordá-los, pois o "como" é o maior definidor do texto literário.

Os temas que de fato me entusiasmam, para além daqueles que a ética, o respeito absoluto aos direitos humanos e meu posicionamento crítico como mulher negra me obrigam a disputar, são: africanidades, orixalidades, ancestralidades e o diálogo e tensão entre tradições (africanas, afro-brasileiras, afrodiaspóricas e afroindígenas) e contemporaneidade. Sempre orientada pela máxima de que um tigre não anuncia (tampouco pede licença para) sua tigritude: ele ataca e impõe ao mundo sua existência.

O dia em que William Bonner chorou

O *Jornal Nacional* aproximava-se do fim e, seguindo o roteiro diário de entretenimento do telespectador, viria algo de impacto para encerrar a espetacularização da notícia no horário de maior audiência dos telejornais. O narrador de voz bonita, terno impecável e cabelos charmosamente grisalhos anuncia um caso surpreendente no sertão do Brasil. Um adolescente de vida miserável é flagrado ao roubar um bombom na vendinha da região. A repórter responsável pela cobertura percebe que ali há uma boa história e resolve levar a notícia do roubo à mãe do garoto, para compor o drama que antecipará a novela das nove e elevará os números da audiência.

O cinegrafista, depois de ter filmado o menino cabisbaixo e mudo na delegacia, inclui as devidas tarjas no rosto, pois o personagem infrator tem apenas 13 anos, então, fecha dramaticamente o ângulo da câmera no bombom solitário sobre a mesa do delegado e, junto com a repórter, ruma para a casa daquela que roubaria a cena e emocionaria o apresentador, a mãe do menino.

No trajeto a câmera destaca os efeitos da seca prolongada, a pobreza, o abandono. Quando chegam à casa, cumprimentam a dona; são convidados a entrar. A repórter senta em um dos dois tocos da casa de cômodo único, cruza as pernas, equilibra-se. A mãe senta na cama de forquilha, dois troncos finos de árvore que sustentam um estrado improvisado e colchão velho, fino e torto, cama única do lugar. Afora isso, no cenário, uma bilha com caneca de alumínio em cima, dessas de escola pública, o retrato de um casal pálido na parede. O homem de terno, a mulher de vestido branco, provável casamento dos pais do menino.

A repórter, compungida, transmite à mãe a notícia do roubo e provoca-lhe lágrimas grossas que escorrem pelos sulcos do rosto marcado pelo sol e pela dureza no trabalho da roça. A câmera focaliza cada detalhe. A mulher ergue o dedo cabeçudo e calejado, sem unha feita, esfolado pelo cabo da enxada, e profetiza: "Eu vou falar uma coisa pra senhora, ele roubou foi de safadeza, colegage, luxúra, não foi fome, não, senhora, porque fome, ele passa desde que nasceu!"

Higienópolis

A Veridiana parecia uma avenida, larga toda vida. Esperávamos o sinal verde para pedestres no cruzamento com a General Jardim. Do lado oposto ocorria uma cena bastante comum na região, uma dondoca acompanhava um daqueles cachorros contemporâneos, de pelo desenhado, unhas pintadas, maria-chiquinha, óculos escuros, cachecol e outras firulas, também esperava para cruzar a avenida. Inusitada era a presença de uma garotinha dourada de uns 3 anos ou pouco mais. Filha da mulher, soubemos depois.

O sinal abriu para nós, finalmente. A mãe do cachorro rearranjou as sacolas de shopping no antebraço, de forma a deixar a mão livre para ajudá-la a colocar o animal no colo. Ainda teve tempo de dar um beijinho nele, antes de dizer para a menina, "vem, filha, vem. Segue a mamãe". Desceu da calçada para o asfalto, deu três ou quatro passos e olhou para trás para certificar-se de que a filha a acompanhava. A menina não se movia. Ela, carinhosa: "Vem, filhinha, vem com a mamãe, vem, vem."

A menina olhava para a mãe, para o cachorro, que devia ser dela também, para os carros, para a imensidão à frente e ficava do mesmo jeito, empacada. A mãe andou mais uns cinco passos e disse: "Olha, filhinha, a mamãe tá indo. Vem também, fofa!" A menina então abriu o berreiro e começou a sapatear. A mãe, compreensiva, explicou à filha e aos passantes que estava com as duas mãos ocupadas, não poderia carregá-la. Ela precisava colaborar, ser boazinha e andar. Os passantes pareciam estar em choque. Nós estávamos. Ninguém foi despachado o suficiente para ofertar ajuda à senhora. O guarda de trânsito da outra esquina, atento, veio andando e estendeu a mão para a menina. Ela não aceitou, queria colo. Ele ofereceu o colo. Ela rejeitou. O guarda, paciente, explicou à mãe que a menina parecia querer o colo dela e que talvez fosse bom colocar o cachorro no chão e puxá-lo pela corda.

A mulher, meio brava, argumentou que o cachorro tinha trauma de buzina e havia gente sem coração que parecia ler a mente do bicho e buzinava só para assustá-lo. De mais a mais, ele tinha tomado uma vacina e estava sonolento. Disse ainda que a filha estava ficando muito cheia de vontades. Será que o guarda não poderia ajudá-la carregando as sacolas, ela morava no quarteirão abaixo. O guarda assentiu. A mãe fez um carinho na cabeça da menina e deu-lhe a mão.

O guarda aconselhou à mulher que acelerassem o passo, pois estava juntando gente, e multidão, sabe como é...

Vida de gato

O gato se enrosca no pelo da gata preta, a quem havia muito espreitava. Faz juras de amor, exibe dotes de cantor e de atleta, finalmente a conquista. Ela se delicia, mas não perde de vista os projetos próprios. Um dia a gata é aprovada em concurso público, passa a viver em outro estado. O gato se frustra. Namorar à distância é caro, exige mais dedicação ao trabalho para conseguir mais recursos. Ele não gosta de trabalhar. A gata, a princípio, desconsidera a falta de empenho, visita-o com frequência, mas o próprio trabalho passa a exigir dela mais e mais, e o gato não se movimenta para vê-la. Entrementes, o gato preto olha para todos os lados à procura de uma parceira menos senhora de si. Encontra uma gata mestiça, mansa, nem tão exigente. Habitante da mesma cidade, e parece disposta a amá-lo, incondicionalmente, como ele precisa. Conquista a gata nova e esparrama-se em seu sofá.

Nada conta à gata preta, mas esta descobre a deslealdade do gato pelo correio felino e manda-o pastar. Humilhado, ele pensa vingar-se com os tons mais claros escolhidos no cartel de cores. Entretanto, a gata mestiça, à medida que o vai conhecendo, conclui que trabalhar não apetece ao gato. No histórico recente, pulou do futebol para o rap, flertou com o funk e agora é pagodeiro. Sempre com o sonho de estrelar uma edição da *Caras dos Felinos*! No pagode conhece a gata ideal. Preta, gringa e bem-sucedida. Nem dá adeus à outra gata (a mestiça) e conquista a gata nova. Ele é o príncipe, por quem ela ansiara toda a vida.

Os dois namoram como gatos no cio. O esperado, na idade fértil dela, acontece, gatinhos à vista. Ela pensa que não pode viver sem ele e agora com um filho, formarão uma família. Outro sonho realizado. Precisam ficar juntos. Cumpre levá-lo para a Gringolândia.

No começo, doces são os planos, e insaciável, o sexo. O gato preto, encantado com o mundo gringo, precisa de tempo para adaptar-se. Ela compreende. Nesse intervalo, o gato não trabalha, estuda gringolês pela TV. Aguarda que reconheçam seu valor de gato especial.

Nasce o primeiro herdeiro e há notícias de que a gata gringa gesta o segundo. Em silêncio desesperançado, ela observa, reiteradas vezes, o gato amado rejeitar a ocupação de caça-ratos, que poderia ajudá-la a comprar a comida das crianças.

Ele, com dois gatinhos novos em casa, dá-se conta de que as mordomias de gatão mimado estão diminuindo. A disponibilidade da gata para o sexo não é a mesma e ele já estuda formas de miar em outros telhados. Está à espreita de uma gata branca, desprezada pelos gatões tipo alfa do pedaço. Haja o que houver, está decidido a fincar garras na Gringolândia, e uma gata local é condição *sine qua non* para que o plano dê certo.

O livro de receitas da D. Benta

Alguém avisou à dona da casa que a visitante gostava de cozinhar, e aquela, muito diligente, mostra-lhe o que considera uma preciosidade, o livro de receitas da D. Benta. A sobrinha da visitante, ingenuamente, pergunta: "mas, tia, a cozinheira não era a Anastácia?" "Era", responde a tia satisfeita. A menina continua, enquanto folheia o livro: "então, por que o livro de receitas é da D. Benta?" "Boa pergunta", responde e mira a anfitriã, aguardando algum comentário.

A dona do livro sorri amarelo, diz que a garota é muito esperta, ameaça tocar suas tranças. A menina se esquiva do gesto, agradece o que parece ser um elogio e explica que gente estranha não pode colocar a mão na cabeça da gente.

O mesmo sorriso sem graça da anfitriã se repete e ela busca outra obra de receitas, determinada a agradar à visita ilustre. Traz um volume fino de pratos caribenhos. Na capa, o mar azul ao fundo e, na frente, uma banca enorme de pimentas diversas, cuidada por uma mulher negra que gargalha, sem dentes.

Notícias

Depois daquela mulher, nunca mais assisti à *Globonews* do mesmo jeito. Ela virou uma espécie de fantasma que aparecia todas as vezes que eu passava pelo canal. A figura aterrissou numa roda de conversa por obra do lançamento do meu *Kuami* em Vila Isabel. Atrasada, mostrou-se encantada com a atmosfera leve do encontro. Até aí tudo bem, esse era mesmo o propósito. O caso é que ela iniciou uma catarse de reclamações sobre a *Globonews*, sobre as pessoas não conversarem, não interagirem, e aquele momento ali, para ela, era um exemplo de como a vida deveria ser.

Ela dizia: "Estou cansada de saber as notícias do mundo e só desligar o televisor quando saio para o trabalho. Quando chego em casa, ligo a TV para ter a companhia da informação. Sei de tudo, a notícia se repete nos sucessivos jornais, às vezes até decoro os textos."

O problema é que ela repetia esse mantra torto como disco arranhado e passou a tratar nosso espaço como algo terapêutico. Ameaçou pedir que as pessoas compartilhassem apertos de mão, abraços. Alguns participantes estavam visivelmente incomodados, eu também, e precisei tangenciar a conversa para cenas do livro. Comecei a ter medo dela. Parecia uma morta-viva e, pior, era médica. Estava na cara que ela precisava de fogo, de vitalidade. Oferecíamos a chama literária, mas ela precisava de mais. Carecia de terapia profunda, daquelas complexas, com escuta, exercícios respiratórios, florais de Bach, do Cerrado, do deserto, da Amazônia, de Minas, de Marte... O que mais me espantava era a reafirmação de que ela cuidava da saúde das pessoas em um posto de saúde.

Até hoje, quando passo pela *Globonews*, lembro-me daquela mulher e, apavorada, observo as notícias se repetirem.

Mundo dos aplicativos

Inovação tecnológica era com ele mesmo. O brinquedinho do momento era o *check in*, um aplicativo usado pelas celebridades para dar pinta, recomendar um lugar e fingir importância. Pois o rapaz estava animadíssimo. De dentro do carro popular observava pelo binóculo o restaurante fino e mandava ver: "Galera vibrante que me segue, cheguei ao restaurante mais frequentado pelos ricos, famosos, televisivos e colunáveis da cidade. O botox da fulaninha expirou. O sicraninho não está tão bem das pernas quanto ostenta, a convidada pagou metade da conta. O furustreco 1 e o furustreco 2 vestem a mesma camisa. Um constrangimento. Nada de modelo exclusivo. Adeus galera! Até a próxima edição."

Era assim em todos os lugares: "Alô, alô, turba seguidora, acabo de ocupar minha cadeira de 500 reais na decisão da Copa das Confederações" . Ou: "Cheguei ao Santos Dumont e adivinhem quem eu vi? A gostosa da novela das nove trocando afagos com um bonitão novo."

Aquele dia, contudo, foi o dia da superação. Ele passava por uma igreja e viu pessoas de terno preto e roupas fechadas, gente circunspecta e elegante circulando por ali. Abriu o porta-malas do carro, pegou o *blazer* clássico das horas especiais, vestiu-o, passou brilhantina no cabelo, acertou-o no retrovisor, arrumou os óculos escuros, preparou o aplicativo. Sacou a cara de consternação mais convincente do bolso interno do casaco e entrou na fila de visitantes. Os passos eram lentos, as bocas caladas, e ele ansioso para chegar ao início da fila. O fim de seu arco-íris guardava um caixão lacrado. Diante do inusitado, ele era só felicidade. Acionou outro aplicativo para a fotografia do dia, enquanto matutava o texto do *check in*.

Para não dizer que não falei de flores

Vivendo pela palavra, de Alice Walker, me lembra o médico negro-cubano e seu olhar duro, altivo, ao passar pelo corredor polonês de médicos branco-cearenses que o vaiavam e mandavam de volta a Cuba, à África ou ao que entendem como sinônimo de lugar de negros, à senzala.

Lembra também a médica negro-cubana, de olhar igualmente duro, mas assustado com o Brasil real, dissonante da harmonia racial das novelas brasileiras veiculadas fora do país, assistidas em África e em outros países pobres, aos quais a profissional emprestou o preparo técnico e o senso de humanidade apurados ao longo da vida.

Alice, a escritora, é firme no uso da palavra quando aborda o racismo. Com ele e com os racistas não há como ser maleável. Joaquim Barbosa também não podia descansar, não o deixavam em paz. Para açoitá-lo, usavam o "quem ele pensa que é?", como se destacassem sua suposta arrogância, mas o que os herdeiros da casa grande ratificavam, de fato, é o "sabe com quem está falando?" Queriam acuar o ministro negro num lugar de subalternidade que, mais do que recusar, ele simplesmente desconhecia.

Ambas as expressões, "quem ele pensa que é?" e "sabe com quem está falando?", nascem do mesmo lugar social de privilégio, intentam dizer aos negros que não são tão bons quanto parecem e, ainda que o sejam, não têm *pedigree* como os brancos.

Escrever uma crônica nova depois de tanto tempo faz emergir o tema da falta de tempo. A falta de assunto, matéria de tantos cronistas, não me afeta. Ao contrário, a movimentação sub-reptícia dos racistas como reação a cada pequena conquista, a cada ameaça de ampliação do horizonte negro, me dá uma preguiça, uma letargia, e, como Alice Walker, chego a querer não mais escrever sobre esses temas. Meu tempo para eles tem se esgotado.

Mas eis que encontro um cego atípico e ele me dá um sacode. Enquanto a maioria de seus pares movimenta-se em gestos contidos de tatear o mundo à frente e ao lado para entendê-lo e para definir o próprio espaço sem incomodar as outras pessoas, o rapaz, como um vento forte, batia a bengala com força no chão, para a esquerda e para a direita. Fazia barulho, puxava um carrinho de mais de metro, coberto por sacos pretos, provável camelô carregando o material de trabalho e sua história. Tudo muito rápido, exúnico, sem óculos que lhe escondessem o vazio da caixa ocular. Sorria também, tirava onda; indiferente aos que o julgavam maluco, obrigava-os a desviar de sua direção aos pulos, senão ele passaria por cima deles com a bengala, o corpo, a memória e a história.

Não sei se aquele homem perceberia as flores do caminho naquele início de primavera, mas tenho certeza de que os ipês que vi logo cedo floresceram em sua homenagem.

É só alegria!

Os dias eram pré-carnavalescos no Rio de Janeiro. O taxista ouvia os sambas-enredo do ano e cantava animado. Comentei sobre a beleza do samba da Vila, a Vanessa da Mata de Clara no ensaio técnico, a homenagem ao Paulinho; foi o bastante para o cara, chefe de ala, se sentir íntimo e me visualizar como integrante da escola de samba dele.

Sabe como é, a gente fica cabreira, analisa os perigos da cantada barata, tinha toda a Linha Vermelha pela frente, do Galeão até Santa Teresa, mas o homem era militante do samba e nem me deu tempo para respirar. Sacou um cartão com todos os telefones, explicou que o celular grifado era atendido pela esposa que me encaminharia ao departamento correto.

Era de graça, eu não precisava me preocupar. "Como?" Perguntei. "Não, querida", ele me disse, "tu sabe que nas escolas tem a ala da comunidade, não é? Tu conversa com a minha esposa e ela te orienta direitinho. Tu vai dizer que é

doméstica. É molezinha", ele continuou. "Tu vai precisar de uma conta de luz paga, pra provar que é moradora da comunidade. Pega com o pessoal do Dois Irmão. Se for do Fogueteiro, é gato, mas é só pedir aquele recibinho pro escritório da milícia, eles dão se o morador tiver com as taxa em dias."
"Só vai ter um porém..." "Qual?", eu perguntei curiosa. "Esse cabelinho! Assim não vai." "O que tem o meu cabelo?", perguntei como se não soubesse. "Ah... querida, tu sabe, doméstica não usa esse negócio enroscado, patroa nenhuma aceita. Não é nada pessoal, não leve a mal, mas não orna na escola de samba. Tu vai ter que morrer uma grana na chapinha. Mas não se preocupe, não há mal que sempre dure. É seu dia de sorte e tu encontrou o cara certo."

Ele abaixa um pouco os óculos escuros, depois de frear o carro no meu destino, olha por cima das lentes, parece escolher o tipo de artefato que enfrentará meus *dreads*, pisca e completa: "Fica tranquila, minha esposa tem um salão especializado em chapinha, ela resolve."

Profissão de fé!

Lá estava eu, assentada ao lado de uma mesa com meus livros em exposição, curtindo a música e a dança que tinham mais lugar naquele sarau literário do que a literatura, e a moça, como tantas outras moças, passa seguidas vezes pela mesa e não se detém nos livros.

Nessa altura, eu já havia feito a apresentação brevíssima do meu trabalho, os organizadores haviam apontado para mim inúmeras vezes, mostrando onde estavam autora e livros; contaram que o volume lançado naquela oportunidade custava 10 reais, apenas 10 reais etc., etc. A moça então parou ao lado da mesa de livros e, com os braços cruzados sobre o peito, me disse:

– Psiiiiuuuu, a Cidinha demora? Acho que eu esperava por aquilo.

Armei meu riso com o canto da boca que, os amigos dizem, me caracteriza e respondi:

– Não, ela já chegou.
– E cadê ela?
– Sou eu mesma (sorri esperando o próximo capítulo)!
– Ah... tá! Desculpe, é que eu nunca te vi, mas já li livro seu. Não foi você também que escreveu os *Dez contos*?
– Não, não escrevi livro algum com esse título. Escrevi *Os nove pentes* e esses outros livros que estão sobre a mesa.
– Tem certeza? Eu jurava que era você!
– Tenho certeza, sim!

Dirimida a dúvida, a moça foi embora, meio agradecida, meio constrangida. Uma pena! Tivesse comprado um exemplar do *Margem*, seriam três vendidos naquela noite.

Os selos e as bolsas

Aquele era o dia de ir aos correios postar livros autografados na hora do almoço, para encontrar os guichês vazios. Naquele bairro, todo mundo era envolvido com o comércio *on-line*, e as duas agências postais ficavam lotadas à tarde, principalmente a não terceirizada, que aceitava pagamento feito por cartões de crédito.

A escritora já havia notado que no último mês os atendentes não selavam mais os envelopes, mas achou que fosse algum novo esquema fordista no qual cada funcionário realizava uma etapa do serviço e, em algum momento, alguém deveria selar as cartas e encomendas. Naquela sexta-feira, ela se descobriu equivocada.

Maria Helena, a atendente simpática, conseguia conversar naquele horário de caixa vazio e deixou escapar um "ele não está me dando o selo". Tratava-se do programa de computador que definia quantos selos, e de que valores, a funcionária deveria colocar em cada carta ou caixa. Antes que ouvisse qualquer coisa do lado de lá, completou: "Também, o governo está acabando com os selos." "Como assim, não vai ter mais selo?" "Não. Como é que pode, né, menina? Esse governo está acabando com tudo." "E os filatelistas?" Foi a única coisa que a escritora conseguiu dizer enquanto juntava as peças do quebra-cabeças. "Vão colecionar selos de outros países e guardar as relíquias do tempo em que o Brasil os tinha. A filatélica central no Vale do Anhangabaú já fechou e as outras serão fechadas logo."

Os filatelistas e o povo do País do Golpe perdiam um importante registro de sua cultura, de sua história. Selo é isso, no mundo inteiro; contudo, o País do Golpe não pensava assim. Esse País podia prescindir também de financiar a formação acadêmica de milhares de pessoas via bolsas de estudos concedidas por uma instituição chamada Coordenação de Aperfeiçoamento de Pessoal de Nível Superior (Capes), uma forma de redistribuição de dinheiro público oriundo dos impostos pagos por mulheres e homens entristecidos e atordoados pelo desmonte do Estado em todos os níveis, dos selos às bolsas de estudos e pesquisa.

Os viventes do País do Golpe já se arrastavam como aquela última personagem que sobrevive a um filme de terror, sem forças, sem ânimo, assustada, temerosa de que o filme se repita.

O problema é que o filme de terror não para de rodar, é um rolo compressor. O projeto é não deixar pedra sobre pedra nas universidades públicas federais, entregá-las à iniciativa privada e torná-las hospedeiras das elites e de seu modo de vida parasitário. E subordinar o povo do País do Golpe a outros países que produzam ciência e tecnologia.

Marigô

Samantha admirava profundamente a amiga Dandara. Pela beleza, cultura, inteligência, conhecimento do mundo e, acima de tudo, pela integridade de propósitos. Samantha achava que Dandara era militante até quando estava conversando com a própria mãe. Todas as vezes em que a chamava pelo celular, e não eram poucas ao longo do dia, ela cumprimentava a mãe assim: "Oioioi, Marigô, liguei para dar um alô!" O rosto de Samantha se iluminava a cada vez que mãe e filha conversavam. Ela encasquetou que Marigô significava mãe, na língua iorubá. Em casa, anotou a palavra no caderno-dicionário que estava organizando com palavras africanas circulantes no cotidiano do Brasil. Já tinha um monte e aguardava o momento para escrever histórias em que pudesse usá-las. Dandara achava que a colega de trabalho era uma afrossurtada, daquele tipo que quer transformar qualquer coisa em um episódio do renascimento africano.

No dia do aniversário de Dandara, a mãe resolveu fazer-lhe uma surpresa e foi buscá-la no trabalho para irem juntas ao Rinoceronte's, o *fast-food* preferido da filha. Enquanto esperava no estacionamento, lia entretida a biografia de Barack Obama. Samantha saiu antes de Dandara e, quando viu duas mãos negras de mulher madura segurando um exemplar da biografia do presidente dos EUA atrás do volante de um carro, afrossurtou. Só uma pessoa muito interessante para ler um livro daqueles, pensou logo. Ela precisava se apresentar e conhecer aquela senhora para beber dos conhecimentos dela.

Samantha iniciou uma ronda ao automóvel sem dar-se conta de que a incógnita mãe de Dandara observava tudo pelos retrovisores. Quando viu aquelas atitudes suspeitas de uma menina aparentemente inofensiva, lembrou-se logo da amiga da filha, tão comentada em casa. Firmou os olhos e teve certeza de ser a famosa Samantha ao cotejar a imagem real com as fotos já conhecidas.

Resolveu abrir a porta do carro e cumprimentá-la. "Boa tarde! Você não é amiga da Dandara?" "Sou, sou, sou sim, muito amiga. Irmã." "Pois é, estou esperando por ela aqui para uma pequena comemoração de aniversário." "O quê? Não acredito! A senhora é a marigô da Dandara?" A mãe achou aquilo estranho, "marigô da Dandara?" "Bem, eu sou a mãe dela, muito prazer..." "Ahhhhh..." Samantha gritou! "Eu sabia! Eu sabia! Só mesmo uma pessoa especial como a marigô da Dandara para ler a biografia do Barack enquanto espera a filha sair do trabalho. A senhora é um exemplo para mim, muito inspiradora. A Dandara é pura inspiração para mim! Muito obrigada, sempre! Eu quero ser uma marigô como a senhora..."

Nisso, Dandara veio chegando. "Oioioi, Marigô! Tá aí há muito tempo? Vejo que já conheceu a Samantha." "Sim, minha filha! Estava aqui tentando me apresentar a ela." "Ai, nem precisa", Samantha interfere. "Eu posso chamar a senho-

ra de marigô também?" "Lógico que sim, todo mundo me chama." "Olha só, Dandara, sua mãe é mesmo uma matriarca africana. Todo mundo a chama pelo nome de mãe, como nas vilas antigas." Filha e mãe se entreolham e aproveitam para despedir-se, precisavam encontrar o restante da família no Rinoceronte's.
"Filha, quando você me disse que essa moça era maluca, achei exagerado da sua parte. Mas ela ficou rondando o meu carro só porque eu estava lendo a biografia do Obama." "Eu avisei, mãe, ela é afrossurtada." "Ela nem deixou que eu dissesse meu nome." "Hummm... nem você, nem eu. Ela acha que marigô e mãe são a mesma coisa." "Como assim?" "Ora, ela cismou que marigô é uma palavra do iorubá que significa mãe." "O quê? Não posso acreditar, minha filha. Ela não sabe que meu nome é Maria Goreth?"

Sujeito oculto

O velho avião soviético pousou macio no solo de Havana, contrastando com o barulho agônico do motor. Quem olhasse o exterior daquela sucata não imaginaria sequer que ela levantasse voo, quanto mais que fosse um dos aviões mais seguros do mundo. Na bagagem ele levava pasta de dentes, creme de barbear, biscoitos, sabonetes, cotonetes, papel higiênico e tudo o mais indisponível nos supermercados cubanos.

O recém-chegado decidiu não se hospedar em hotel, coisa de burguês. Tinha uma pequena lista com endereços de pessoas que alugavam espaços para turistas, nem sempre quartos, propriamente. Conhecer Cuba e os cubanos era sonho de adolescente, dos tempos revolucionários da Convergência Socialista. Depois de ler Pedro Juan, Wendy Guerra e a biografia cortante de Arenas, tornou-se mais crítico ao regime e mais complacente com os críticos de Fidel. O fascínio por Cuba, entretanto, permaneceu; Havana, a Salvador do Caribe.

Antes mesmo do desembarque, só conseguia pensar no Malecón, em tomar uma pinga nos bares da orla para demarcar sua chegada ao solo cubano. Não importava o fato de o relógio marcar cinco e quinze. A pinga seria seu café da manhã. Chamou um táxi e rumou para o Malecón. Que brisa deliciosa! Era bom aproveitá-la, pois o dia prometia uma sauna ao ar livre. Acariciou a caixa de charutos comprada no aeroporto, escolheu um, acendeu e deu a primeira baforada com a cabeça para fora da janela. Ah... estava em Cuba, finalmente. O motorista mira-o pelo retrovisor com olhos de quem dançou rumba a noite inteira. Ele também estava sonolento, mas o charutão e a brisa vinda da janela aberta pareciam despertá-lo.

Avistou um bar com vários homens. Eram cinco e quarenta da manhã de um sábado em Havana, precisava comemorar. Nada melhor que fazê-lo entre amigos. Pediu ao motorista que estacionasse a uns metros do bar. Não queria ser confundido com um simples turista. Confiava naquele espanhol de bolso aprendido com a ex-namorada cubana dos tempos de faculdade e, principalmente, na própria brasilidade, que o tornava multiétnico e fazia com que sua comunidade fosse a humanidade. Era um marxista gratiluz.

Desceu do carro, pagou ao motorista e agradeceu. Sem gorjeta. Somos todos camaradas e abaixo o capitalismo! Acertou a mochila nas costas, prendeu o cinto abaixo da barriga, ajeitou o chapéu panamá e procurou caminhar como um homem cubano, de pernas abertas e molejo levíssimo (sem afetação) nos quadris. Lançou um largo sorriso à audiência que olhava para ele como mais um gringo.

Três rapazes mais jovens e fortes jogavam dominó num canto; conferiram o brasileiro e puseram a mão no entrepernas debaixo da mesa, enquanto observavam o forasteiro puxar as alças da mochila para a frente e depois escorregar as mãozinhas do sobrepeito até a barriga saliente, passando pelos mamilos tesos.

O brasileiro fingiu não ver o movimento dos camaradas, como convencionam as regras entre os homens. Dirigiu-se ao balcão do bar, pôs a mão sobre ele e a retirou instantaneamente ao contato com a crosta pegajosa. Pediu uma pinga. Bem alto. Todos os homens do bar olharam para ele, incrédulos. Os rapazes do fundo entreolharam-se, cúmplices.

O brasileiro, como todos os brasileiros, achava que os anos de praia vividos no Brasil emprestaram-lhe sagacidade para se virar em qualquer situação. Percebeu o desconforto causado nos camaradas e, para corrigir, pensou em declarar seu amor a Cuba, como num discurso curto de Fidel. Pensou em sacar versos de Gillén em louvor à Revolução e à capacidade laboral do homem cubano. Desistiu. Ofereceu uma rodada de pinga para todos. Eram apenas uns dez homens no bar e ele, afinal, poderia gastar um dólar ou outro com aquela gentileza.

O oferecimento deflagrou uma bomba de silêncio no ambiente. O mais estranho de tudo é que o dono do bar não lhe serviu a pinga. O brasileiro ficou confuso. Não via outro modo de resolver o imbróglio a não ser denunciar-se como turista e consultar o dicionário. Procurou pela palavra aguardente e não encontrou pinga como sinônimo. Tudo bem. Ele era brasileiro e com ele não havia tempo ruim. De repente, uma lembrança rasgou sua memória. Uma piada contada pelos amigos da CS sobre a pinga em Cuba. Pinga! Pelo amor dos deuses, como ele pôde esquecer? Ele, um homem com H pedindo uma pinga em Cuba. "Não tem problema. Não tem tempo ruim. Eu me desculpo e saio daqui."

Doce engano, desesperada ilusão! Quando ele sorriu para os homens novamente, sentiu que o olhavam como a um pobre marciano. Virou-se para sair do bar, onde todos já faziam chacota dele. Dois dos três rapazes do dominó o aguardavam nos marcos da porta. Um deles sorriu, malicioso. O outro fumava e brincava com a fivela do cinto, displicente. O brasileiro suava, rezava. Escrutinou os arredores à procura de um guarda para pedir ajuda, mas nem Nossa Senhora de Guadalupe, de quem tornara-se devoto naquele instante, o socorreu.

Os rapazes seguiam o brasileiro pelo Malecón. Antes que um deles pousasse a mão em seu ombro, o outro falou com voz rouca: "Temos pinga, camarada! Oferecemos preço promocional a estrangeiros!"

O que é do homem o bicho não come

A televisão mostrou a bichona embolada dentro da caixa, doida para serpentear no chão. A destinatária da encomenda, cuja identidade a polícia protegia, estranhara o peso da caixa e a movimentação interna. Largou o pacote no jardim e pediu socorro a uma radiopatrulha na rua, segundo informou no depoimento.

Os policiais levaram a caixa para a delegacia e quando abriram foi aquela correria. Uma jararaca preta e branca, adulta e faminta quase come a mão do desavisado que conversava com os amigos enquanto tirava os pregos das laterais da madeira.

Sabe como eles resolvem tudo a bala, não é? Um deles quis logo atirar no réptil, outro o impediu, alertou sobre os possíveis problemas com a imprensa e o Ibama. Trancaram a cobra na salinha onde a tinham libertado e foram buscar o pessoal do Butantan.

A bicha deu trabalho para ser imobilizada. No Instituto, recebeu água, comida, cafuné na cabeça e tratamento para um ferimento.

A polícia conduz as investigações, considerando a possibilidade de tráfico de animais silvestres e contrabando de veneno. Cá para nós, isso é hipótese de cientista forense. Falta a esses investigadores entendimento da alma humana. Pensem comigo, como é que você recebe um pacote dos correios e chama a polícia? É porque você já desconfia da remessa, ora bolas? Suspeita o que pode ter lá dentro ou pelo menos tem indícios de quem seja o remetente e também do que a pessoa seja capaz de remeter.

Mandar jararaca pelos correios? Tenha fé em Deus! Tá na cara que isso é coisa de mulher traída! Traição de amante, traição de amiga, traição, traição! Traição é assim, dispara dentro do vivente um veneno sem antídoto que provoca necrose imediata no coração, falência renal e hemorragia intracraniana.

Aquela jararaca era vingança de mulher abandonada. O marido trocou a remetente pela destinatária, aposto. Amigas elas eram, na certa, senão não haveria traição nem necessidade do simbolismo da cobra. Porque quem trai é amigo, gente de confiança. Inimigo não trai. Inimigo faz o óbvio, fica de tocaia, dá o bote e está tudo nos conformes. Amigo traidor não, este atira pelas costas, escondido até pelo véu de fumaça de que está agindo para o seu bem, buscando o melhor para você.

Como assim? Toma o marido da outra e quer me enganar que deseja o melhor para ela? Sou obrigada a concluir que a destinatária tirou onda com a cara da remetente e se deu mal.

E a melhor vocês não sabem. A cobra não picou a destinatária, o veneno não entrou pelas veias, mas entrará por via oral. A pressão arterial da moça foi para as alturas com o susto, e a médica consultada receitou captopril, anti-hipertensivo ironicamente desenvolvido a partir do veneno da jararaca. E por isso eu digo e repito: o que é da mulher, o bicho não come.

O vizinho do 102

– Menina, quem vê cara não vê coração. Quem é que dá alguma coisa por esse songamonga? Dizia uma vizinha à outra enquanto tomavam sol em frente ao condomínio, e o vizinho comentado atravessava o pátio com sacolas de supermercado cheias de alface.
– Mas ele está impossível, só ontem foram três.
– Três? Que danado! Costumavam ser duas.
– Pois foram três, minha filha, três.
– Em seguida?
– Sim! Entrava uma e saía outra.
– Então tá explicado. É o tempo de duração do Viagra que pode chegar a quatro horas. Meu marido me contou que um amigo dele comentou que outro amigo usa.
– Ah sim, deve ser, quero dizer, não sei, meu marido não tem amigos que usem Viagra. Cada moça fica menos de uma hora. Acho até que não acontece muita coisa, são tantos risi-

nhos, gemido que é bom, quase não ouço e, quando aparece algum, é algo bem profissional, finalístico.
— Sei, elas devem fingir o gozo pra acabar logo porque tá muito chato. Muita mulher faz isso.
— E também pra o cara achar que está arrasando. Eles acreditam em tudo.
— É, se ela caprichar, tem chance de ele chamar outra vez. De onde sai tanto dinheiro, ninguém sabe. *Delivery* desse tipo de serviço não deve ser barato.
— Não sei, mas, desde que a mulher foi embora, parece que ele se aposentou e agora virou viciado em sexo. Quem diria, parecia um homem tão sério.
— Sério? Vai saber, menina. Nas condições em que a mulher foi embora, coisa boa ele não fez.
— Ela foi embora, é? Eu ainda não morava aqui, me conta.
— Ih, foi um babado forte. Os dois formavam um casal silencioso. Não demonstravam amor, mas também não brigavam. Às vezes saíam juntos, mas ninguém os via conversando. Tinham uma filha de uns 8 anos, quero dizer, têm, porque a menina continua viva, graças a Deus. Uma noite de lua nova, sem discussão, sem que ninguém ouvisse qualquer barulho novo vindo da casa deles, a mulher saiu com a criança e foi para a casa da irmã que mora no condomínio da frente.
— Não brigaram?
— Parece que não, pelo menos não ouvi nada. Vi apenas a menina dizendo "tchau, papai", quando já estava na escada, o que quer dizer que ele as levou até a porta, sinal de delicadeza.
— E ele?
— Ele, o quê?
— O que ele fez quando a filha deu tchau?
— Não sei, não vi, só ouvi. Ele deve ter dado tchau pra ela também.
— Sinistro!
— Tem mais!

– Mais o quê?

– A mulher saiu com um colchão na cabeça, desses compridos, que não enrolam, sabe? Saiu com aquilo na cabeça, de mãos dadas com a menina. Nunca mais voltou, nem a menina visita o pai, mesmo morando do outro lado da rua.

– Estranho mesmo. E depois disso foi que ele caiu na depravação?

– Sim! Antes era um senhor inofensivo, pacato.

– Mas ele não é mais inofensivo? Dá em cima das mulheres do prédio? Assedia as meninas?

– Não, não! Isso, não. Mas é esquisito não é? Um homem que recebe garotas de programa em casa, dia sim, dia não. Na verdade, segundas, quartas e sextas.

– Estranho mesmo.

– Você precisa ver é ele ligando pra agência, diz sempre a mesma coisa.

– Que coisa?

– Pede que sejam carnudinhas e que venham com roupa discreta e sem maquiagem extravagante.

– Só isso?

– Só isso.

– E as moças são carnudinhas mesmo?

Emílio Santiago!

Todas as vezes que ouço a voz de Emílio Santiago, o maior intérprete da música brasileira, lembro-me da minha mãe. Sempre que ele aparecia na TV e eu assistia a ele, embevecida, ainda adolescente, a mãe debochava de mim, porque eu gostava de música de velhos.

Ela não entendia o meu gosto, e eu justificava argumentando que se tratava de um grande cantor, além de preto lindo, elegante e jovial. Este último adjetivo a incomodava especialmente e ela ruminava: jovem só na sua cabeça, eu era menina e ele já cantava. Eu a provocava: ele devia ser menino também, mãe. Ela, convicta, fingindo irritação: eu era menina, ele já era moço barbado!

Hoje, descubro no noticiário que Emílio se foi aos 66 anos e minha mãe, se não tivesse ido aos 53, teria 69.

Naquela época ele não havia iniciado ainda a edição da série *Aquarela Brasileira*, na qual gravou músicas populares com belos arranjos para sua voz-instrumento magistral. Foi uma tentativa bem-sucedida de tornar-se mais conhecido e de romper com o rótulo que o incomodava e afastava do povo, o de cantor sofisticado.

A última vez que o ouvi, ao vivo, foi em um sábado à tarde, na feijoada da Mangueira. Quando cheguei, Emílio cantava "Saigon" e o público se acabava no feijão. Meu acompanhante, membro do time da suposta sofisticação de Emílio, que o afastava do povo, nunca o imaginaria como atração de uma feijoada de escola de samba.

Emílio era sofisticadíssimo, sim, para interpretar, como o foram as grandes vozes masculinas do Brasil que o precederam, Orlando Silva, Sílvio Caldas, Roberto Silva e os contemporâneos imensos que começaram como *crooners* de boates e casas de shows, junto com ele: Alcione, Áurea Martins e Djavan.

Ah, Emílio, por que tão cedo? A feijoada da Mangueira nunca mais será a mesma. Agora, a falta do seu sorriso franco, da sua risada sonora, enche o espaço de tristeza.

O renascido

O velório prosseguia arrastado. Muitos parentes, vizinhos, amigos dos filhos, todo mundo ali para dar adeus a seu Geraldino. Gente do interior onde ele nascera era o que mais tinha. Na correria da morte sem aviso, uma senhora esqueceu o remédio para a pressão alta. Fez o comentário num grupo de mulheres e imediatamente duas outras, solidárias na hipertensão, ofereceram-lhe uma cartela de captopril. Ela aceitou e tratou logo de pôr um comprimido embaixo da língua.
Na casa de seu Lindomar, mais um retorno da boemia. Esbarrões nas cadeiras, TV ligada e dormida no sofá. Naquela madrugada, duas das filhas conversavam na cozinha e lamentavam a morte de Seu Geraldino. Seu Lindomar ouviu e desentendeu. Para ele, Geraldinho, o genro predileto, havia falecido.
Foi o que bastou. Seu Lindomar desmanchou-se em soluços. As filhas correram para a sala assustadas. Os outros

moradores da casa acordaram. Seu Lindomar chorava, dava socos nas coisas sobre a mesa, chutes no sofá macio. "Meu genro, meu filhinho querido, tão jovem. O Geraldinho se foi. Por que Deus não me levou? Hein, Deus – estendia as mãos suplicantes aos céus –, por que o Senhor não me levou no lugar dele? Um rapaz tão cheio de vida. Que injustiça! Dessa vez o senhor escreveu errado pela linha torta. Não era hora da traseira do opala rodar pro lado dele."
"Não, pai! O senhor não ouviu direito", a filha tenta corrigir. "Quem morreu foi o Seu Geraldino, pai do Geraldinho." "Mentira, eu não acredito. Vocês querem me enganar. Que pouca vergonha. Só porque ele é o filho que eu não tive? Que ciumeira boba!" "Pai, o senhor teve cinco filhos homens." "Nenhum como ele! O Geraldinho era meu filho mais querido!" "Pai, se os meninos ouvirem isso, vão ficar magoados. Sorte que eles não estão em casa. Estão no velório dando uma força para o Geraldinho." "Força? Que força? Para empurrar o coitado pra sepultura? Bando de cretinos ciumentos. Só porque eu amo ele? Querem enterrar mais depressa?" "Pai, o senhor não entendeu. Quem morreu foi o pai do Geraldinho, o Seu Geraldino." "Tá me chamando de burro? Sou velho, mas não sou um velho burro!". "Pai, de uma vez por todas, o Geraldinho tá vivo". "Então, traz ele aqui!" "Como assim pai? O rapaz tá no velório do pai dele." "Se ele tiver vivo, vivo mesmo, ele levanta do caixão e vem cá."

Não houve jeito de convencer Seu Lindomar. As filhas rumaram para o velório e não achavam jeito de abordar o Geraldinho. Chegaram, cumprimentaram a família e encontraram o cunhado em um canto, resignado, mas tristonho. Contaram a história, pediram um milhão de desculpas, mas o pai estava em casa, inconsolável, achando que o defunto era ele. Geraldinho ouviu tudo anestesiado. Acompanhou as cunhadas até a casa do sogro.

SOBRE-VIVENTES!

As filhas e o Geraldinho chegaram à casa de Seu Lindomar. Ele se convenceu de que o genro estava vivo. Declarou amor paternal eterno a ele. Disse que Geraldinho não se incomodasse por ter perdido o pai, Deus lhe deixara ele, Seu Lindomar, o melhor pai que Geraldinho poderia querer. As filhas, constrangidas, ensaiaram pedir ao pai para não exagerar, afinal Geraldinho estava sofrendo. Seu Lindomar não se continha. Por fim, liberou o genro para voltar ao velório. Chegando lá, o povo já estava impaciente. Velório, sabe como é. Com a confusão causada pelo clima de perda, circulava a notícia de que Geraldinho estava desaparecido e uns já cogitavam até dar queixa à polícia.

Michelangelo dá um ninja no rio e é capturado

A companheira mais antiga de papai foi encontrada no rio Amazonas da Bolívia (sic). Tem extensos 17 metros e três toneladas bem pesadas. Não bastassem as dimensões gigantescas, são quase 500 anos de vida. Devem corresponder a quantos anos de sabedoria?

Quanto de solidão abriga aquele casco, duro como rocha, a emparedar (e proteger) a carcaça mole esculpida pelo tempo e alimentada por flores e plantas nativas?

Quanto da mudança do mundo viram aqueles olhos, mesmo escondidos em áreas preservadas da floresta? Quantas lágrimas choraram por índios e negros nas Américas de Colombo? Pela Amazônia brasileira? Pelos povos da floresta?

Diante de tanta solidão no infinito belo e grandioso da natureza, mesmo que materializado numa tartaruga gigantesca e cinematográfica, não há respostas, só perguntas.

Empresa familiar

Deixar os cabelos *blackpowermente* transados nos anos 1970 e 80 dava trabalho. Os pentes eram importados dos Estados Unidos, às vezes de São Paulo, os Estados Unidos do Brasil à época. Camelôs ganhavam dinheiro certo com aquele produto raro.

Mato Grosso do Sul ainda era Mato Grosso inteiro, e as coisas da moda e do mundo para chegar lá levavam um século. Nós víamos na TV os cabelos dos Jackson Five, do James Brown, da Tina Turner; até da Angela Davis surgiu uma foto clandestina. Olhávamos aquelas lindas jubas de leão redondas e queríamos fazer igual.

Os meninos negros todos cortavam o cabelo estilo marreco, aquele corte do Exército, imortalizado pelo Pelé. As meninas usavam alisantes devastadores, à base de soda cáustica. A afirmação étnica trançada na cabeça só viria com força nos anos 1990, ainda faltava mais de uma década.

Um irmão meu, caminhoneiro, aproveitou um frete para São Paulo e trouxe um pente para casa, aliás, dois. Comprou no Largo da Batata, na beira da calçada. O primeiro era de plástico, parecia um tridente com múltiplos dentes. Não sabíamos usar e, logo de cara, o estabanado do Vandinho quebrou o artefato. Quase matamos ele. Pegamos o segundo, este, com a armação de madeira e os dentes de metal. O Eusébio enfiou o pente nos cabelos, todo desajeitado, e se machucou. Aos poucos nos acostumamos, aprendemos a usar, compreendemos as manhas do pente novo. Fazia fila de amigos na porta de casa para pentear os cabelos. Cansada de tanto vrumvunvum, minha mãe deu a ideia. Por que não fazíamos pentes para vender? Tínhamos um tio marceneiro, ele poderia ajudar. A mãe sempre primou pela invenção de coisas, de brinquedos a pratos na cozinha. Tinha um fubá suado no café da tarde que *chef* nenhum do mundo faz igual. Receita de água, fubá, açúcar e canela, com um pouquinho da margarina. A mistura era amassada com os dedos gordos da mãe e comida com as nossas mãos gulosas.

Fomos ao tio Juca, mostramos o pente, explicamos o caso. Ele olhou, olhou, olhou de novo, riu e exclamou: "Então é esse troço que vocês usam para fazer esse ninho de guache na cabeça?" Olhamos um para o outro, desanimados, pensamos que ele não ajudaria. Que nada, estava só brincando. Mãos à obra. O tio Juca pegou uns retalhos de madeira, comparou a espessura deles com a do nosso pente, mediu, desenhou com um cotoco de lápis e disse, "tô muito ocupado na marcenaria – graças a Deus –, não posso perder tempo com isso. Mas, se vocês quiserem ficar por aí, tentando, estejam à vontade". Aceitamos. A parte da madeira era fácil, depois da ajuda do tio. O problema era encontrar o material para os dentes do pente. O Vandinho deu uma ideia genial e econômica, poderíamos usar barbatanas de guarda-chuva velho ou aros de bicicleta. Munidos das ferramentas do tio, conseguiríamos cortar e selar as pontas. Dali em diante, depois das aulas, íamos para a marcenaria. Dedos lascados no corte da madeira, martelados, queimados pelo maçarico, Durepox nos cantos das unhas, lascas de pau espirradas nos olhos, de nada fazíamos caso. Depois de três dias de trabalho duro, conseguimos produzir o primeiro pente, imperfeito, mas era o começo. Criamos uma base retangular para encaixar os dentes, e outro retângulo, bem mais fino, foi colado ao pedaço maior para funcionar como pegador. Com a régua espaçamos o local para introduzir os dentes do pente, um centímetro de distância entre um e outro. Com a furadeira perfuramos cada lugar marcado pelo lápis. O tio Juca ajudou na parte mais difícil, ou seja, cortar as barbatanas do mesmo tamanho e introduzi-las na madeira. Depois fizemos o acabamento com montinhos de Durepox em torno de cada pedaço de aro ou barbatana transformado em dente e queimamos as pontas com selador de metal, para não machucar o couro cabeludo, como no primeiro dia.

Pronto o pente desbravador dos mistérios da feitura, já dominávamos a tecnologia de fabricação. Agora era só aperfeiçoar e produzir em pequena escala. Deu trabalho arrumar tanta barbatana e aro de bicicleta. Viramos clientes do ferro--velho da cidade e vasculhadores de quintais, em busca de sombrinhas e guarda-chuvas aposentados.

Éramos organizados e constituímos equipes de trabalho: caça e coleta de metal; corte da madeira; corte do metal e montagem. Cada equipe tinha uma pessoa só, não éramos muitos. Mas o Vandinho reivindicou apoio na busca dos aros e barbatanas; achamos justo e alternávamos a procura. Da montagem todo mundo participava, era o momento mais gostoso. Nem criamos a comissão de vendas, era tudo no boca a boca, mão a mão, e todo mundo se envolvia. Até minha avó expôs uns pentes na quitanda. Morria de contente divulgando o produto dos netos empresários. A produção aumentou, éramos muito procurados. Com o tempo, passamos a abastecer todo o Estado de Mato Grosso do Sul e também os outros vizinhos. Entramos orgulhosos para os anais da história, como um grupo de jovens empreendedores que substituiu a importação de pentes para cabelos crespos no Centro-Oeste, pela produção local. Ganhamos até prêmio!

Setoró

O convite havia sido tentador. Um lugar em Brasília onde se dançava reggae agarradinho. Domingo à tarde era o dia. A comunidade maranhense se reunia e o som rolava solto. Era um jeito de diminuir a saudade de casa, de manter vivo o marzão verde da memória amenizando a secura do concreto. Tinha música da Ilha e música vinda diretamente do Caribe, sem passar por São Luís. O Magno ia tanto a Brasília para reuniões, precisava aproveitar uma delas para conhecer o baile. O problema era o endereço. Setoró!? Onde ficaria? Os maranhenses falavam de Setoró como o lugar mais óbvio da cidade. Óbvio para os ludovicenses radicados, para ele, não.

Cabreiro, o Magno se continha. Não perguntava a ninguém onde era o Setoró, local do baile de reggae maranhense. Sabia como eram os seus conterrâneos. Quando voltasse para a terrinha, iam chamá-lo de tabaréu.

A sorte do Magno é que os maranhenses são camaradas, e logo apareceu um amigo que se dispôs a levá-lo à festa do reggae no planalto central. Quando o ônibus apontou, Magno desvendou o mistério. "Setor O" estava escrito no letreiro. Ainda bem que ficou na moita.

Voe, Velho Madiba, espelho da liberdade!

Saudade é o amor que fica. Li em algum lugar, achei tão bonito. Já sentíamos saudade de você havia algum tempo, velho Madiba. Desde que você se recolheu, calou-se após o atropelamento fatal de Zenani, sua bisneta, quando voltava para casa com amigos depois de assistir à abertura do Mundial de Futebol em seu país natal. Sabíamos que você estava adoentado, iniciava o caminho de volta, mas ainda estava entre nós. A saudade agora dói mais, é o sentimento de adeus a um dos nossos que partiu para o país dos ancestrais.

Eu achava que não sentiria dor, não lamentaria, pois pensava estar conectada à sua necessidade de desenlace. Que nada! Caí do alto do cajueiro.

E que gente sonhadora conseguiria manter-se incólume à passagem do Madiba pela Terra, o grande espelho da liberdade? Todos nós que um dia sonhamos com a vida plena e humana, em algum momento, vimo-nos refletidos em sua voz firme, seu sorriso franco, seu olhar terno, sua coluna ereta e suas mãos de pugilista.

Nós ousávamos pensar, velho Mandela, que fazíamos parte de você. Sentíamos que o melhor de nós habitava em você. Era nosso jeito de crescer e de nos tornarmos dignos da sua luta sem trégua contra o racismo institucional. Queríamos ser persistentes como você, que a determinação se encaixasse em nós como sobrenome e que sua tenaz ternura nos apaziguasse.

O sonho não acabou, honorável Madiba! Seguimos um tanto tristes, um pouco órfãos, temerosos pelos destinos da África do Sul, que não conseguiu ainda responder aos anseios da juventude, tampouco contar com a colaboração dela para pensar os caminhos novos.

Sabemos que estará conosco, velho Madiba. Em cada um de nós que tenha aprendido com você a primar pela justiça e pela liberdade comprometida com quem está nos piores lugares do mundo, com a política como busca coletiva do bem comum, para atender a quem mais precisa.

O venerável rei dos xhosa volta para Qunu, onde seu povo oferece a terra fértil para descanso do corpo do Grande Guerreiro e florescimento dos guerreiros novos. Ele dá a seu povo a alegria de ter em casa o filho mais ilustre, depois da missão de vida cumprida.

N'Zaambi ye Kwaatesá, velho Madiba! *N'Zaambi ye Kwaatesá!*

A catarse coletiva das cartas a Lula

Naquele estágio inicial da prisão do presidente Lula, desenvolveu-se uma campanha para que as pessoas amigas lhe enviassem cartas pelos correios, para o endereço da Polícia Federal, em Curitiba.

De fato, a ideia já circulava pela internet após o ato ecumênico por intenção do aniversário de nascimento de Marisa Letícia, antes de deflagrado o movimento de envio massivo de cartas no dia seguinte à prisão de Lula. Após sua comunicação sobre a decisão de cumprir o mandado do juiz de primeira instância, a tristeza e a frustração que se abateram sobre as pessoas ligadas ao movimento Lula Livre foram enfrentadas por muita gente por meio da escrita.

Houve uma catarse expressa em textos, nos quais as pessoas sentiram necessidade de tornar pública a origem socioeconômica similar à de Lula; a trajetória de inúmeras batalhas e superações; de externar solidariedade e comoção a um igual.

Nessas cartas espontâneas, pessoas descreveram calvários pessoais que são retrato vivo da precarização em que vive a maior parte da sociedade brasileira, articulando-os às possibilidades de superação oferecidas pelas políticas públicas de combate às desigualdades implementadas no período Lula--Dilma. E as pessoas pareciam querer contar isso a Lula como forma de agradecimento e oferecimento de apoio a partir de um lugar de igual, também por meio de fotos que documentavam desde quando o acompanham. Pareciam mesmo querer compartilhar suas vitórias com o mundo e como romperam o lugar de subalternidade imposto a seus ancestres, e como cultivaram a alegria de sonhar, lutar e vencer.

A ideia do envio abundante de cartas ao presidente preso criou uma polifonia inusitada, uma mobilização da voz das pessoas para gritarem seu descontentamento com o golpe, seu anseio por justiça e liberdade para Lula, ao revolver aspectos significativos da subjetividade e dos afetos; colocando, na ponta da caneta de Ogum, o coração.

Uma iniciativa saudável e plena de humanidade. As pessoas se irmanam na dor e na solidariedade e, além de se acalentarem mutuamente, isso pode evitar, ou, pelo menos, diminuir os picos de pressão arterial que esse cotidiano político manipulado por forças retrógradas provoca.

As ideias e as emoções precisam manifestar-se em liberdade.

Assata Shakur e Nhá Chica

Assata Shakur, na década de 1970, era membro do Exército de Libertação Negra, organização de extrema esquerda estadunidense. Devido a uma infração de trânsito ou tocaia armada pela polícia, foi parada numa estrada em 1973. Bem treinada nas táticas de guerrilha, passou fogo nos tiras, não seria presa. Já era fichada e perseguida por ações ligadas ao Exército de Libertação Negra. Estava determinada a não ter o destino previsível de Mumia Abu Jamal.

Seis anos depois de ter protagonizado a morte de um policial e ferimentos em outro, Assata foi presa e condenada à prisão perpétua. Conseguiu fugir, para estupefação dos poderes instituídos.

Notem que se tratava de presídio dos EUA, não era cárcere brasileiro onde o pessoal usa celular para se comunicar com o mundo exterior, pede comida pelo serviço de *delivery*, faz festa para comemorar o aniversário de um comparsa ou o sucesso da entrega de um carregamento de drogas ou armas num destino perigoso. Onde os carcereiros prestam favores aos presos, do empréstimo dos celulares ao agenciamento de visitas íntimas em troca de dinheiro para comprar o material escolar dos filhos, a cadeira de rodas do sobrinho.

Mesmo que não houvesse celular para ninguém naquela época, presídio lá de fora para pessoas consideradas perigosas era e continua sendo jogo duro, o que nos leva a crer que um esquema profissional, cuidadosamente planejado, deu retaguarda para que Assata conseguisse fugir. Para Cuba, segundo o que noticiaram.

Era previsível que o FBI, em 2013, depois de anos da fuga espetacular de Assata, a enquadrasse na categoria de terrorista de alta periculosidade. O que espanta é que nós tenhamos dormido ao som dessa metralhadora giratória e tenhamos reproduzido acriticamente a informação cifrada, festejando o inusitado lugar de destaque de uma mulher negra.

Enquanto brincávamos de ser felizes porque tínhamos a primeira mulher (e negra) na lista top dos 31 terroristas procurados pelo FBI, em Baependi, cidade do interior de MG, outra cena da legitimação conservadora se desenvolvia.

Francisca Paula de Jesus, mulher analfabeta e leiga, filha de mãe escravizada, conhecida como Nhá Chica, era a primeira negra a receber o título de beata concedido pela Igreja Católica no Brasil. Não saberia aferir o valor disso, mas sei que o destaque ao fato de ser analfabeta indica que esse tem sido um mérito concedido às mulheres letradas que liam a Bíblia, mas talvez não praticassem o amor e a caridade como Nhá Chica fez. Que ser leiga indica não ter o amparo de qualquer congregação religiosa poderosa.

Finalmente, Nhá Chica era negra e filha de escravizada; isso rompe com padrões brancos hegemônicos e a inscreve no nosso panteão de heroínas. Aplaca momentaneamente nossa carência de ícones que tenham história parecida com a nossa.

SOBRE-VIVENTES!

Compreendo a alegria dos que acreditam em Nhá Chica porque conheço um pouquinho a operacionalidade da fé, mas júbilo sentirei no dia em que o poder opressor da Igreja se curvar às forças conspiratórias do universo para a promoção da liberdade e da altivez, representadas por gente como Anastácia, escravizada insurgente a quem também são atribuídos milagres. Aquela cuja existência a historiografia questiona, mas é vivíssima na memória do povo, que atravessou gerações, desde o século XVIII, pela tradição oral. Que é filha de Obá em nosso imaginário infinito e atemporal de luta para sermos livres e plenas.

Sobre o sono dos cavalos e o transporte público em São Paulo

Você aprendeu na escolinha que cavalos e outros quadrúpedes dormem em pé, ou pelo menos tiram uma soneca, não foi? Pois pegue o metrô em São Paulo, da Zona Leste para o Centro, antes das 7h30 da manhã, e você verá vários bípedes humanos dormindo em pé. Você se perguntará como é possível, mas, em questão de segundos, perceberá que ninguém cai. Uma pessoa escora a outra, não protege, mas escora, tal qual bois e vacas no caminhão sacolejante a caminho do matadouro.

Mas, espere, em vez de propor um projeto de pesquisa baseado na observação etnográfica do quadro a seus alunos na universidade, aproveite esta narrativa insólita para compreender por que é tão aviltante acrescentar 40 centavos diários ao que essas pessoas pagam para serem transportadas como animais maltratados rumo a um dia extenuante de trabalho, e também depois para voltar para casa.

São pessoas que dormem em pé no metrô porque chegam aonde moram sobressaltadas pelo risco de serem abatidas pela polícia ou por milícias atuantes na quebrada; pelo medo de não encontrar os filhos vivos; porque disputam um lugar na aglomeração pacífica tolerada pelas autoridades para entrar no metrô e viajar de pé. Dormiram cansadas na noite anterior (dormem assim todos os dias), acordaram cansadas e não sabem quando terão paz para descansar o suficiente antes que morram de cansaço.

No dia em que o trem para, e sempre que chove isso acontece, um trabalhador ou trabalhadora pode levar até 4 horas (usualmente são 2h30) para deslocar-se do Centro à casa em São Miguel Paulista, bairro distante, mas ainda mais próximo do mundo conhecido do que o Pantanal, localizado na mesma região Leste, onde reside a família do ciclista que teve o braço arrancado por motorista criminoso na Paulista.

As paradas do trem por tempo indeterminado podem acontecer também em dias secos e, nestes, você poderá ver hordas de usuários do transporte público, de todas as idades, caminhando como formigas em fila pela linha do trem. Não é mentira da cronista, fantasia ou metáfora. Haverá também quebra-quebra feito pelo setor mais revoltado do grupo, ao terminar o trajeto forçado a pé sobre o cascalho da linha férrea.

Para você que, além de curiosidades sobre o sono dos cavalos, aprecia cinema, este não é um mundo de replicantes, como em *Blade runner*. Estas pessoas não são baratas. São tratadas como se o fossem, mas não o são, é sempre bom avisar.

Na vida de gado real e cotidiana desses seres humanos, qualquer vintém acrescido ao valor do transporte de todo dia é intolerável.

Quando acontece um aumento, na prática, mulheres e homens, trabalhadores, estudantes, pessoas que circulam pela urbe são constrangidas a pagar mais pela ração diária de maus-tratos; é apertar o fecho da coleira de rebaixamento da condição humana no pescoço.

Falsetes de junho

Do meu trabalho, no Vale do Anhangabaú, deu para ver que a turma começou a tocar o terror pelos ares às duas da tarde. Helicópteros sobrevoando cabeças humanas instauravam um clima de guerra, desespero e desamparo.

Pela internet, viam-se as pessoas sendo presas antes da manifestação, gente que nem sabia o que estava acontecendo.

Pela televisão, o chefe do programa de jornalismo policialesco fez uma pesquisa dirigida, contrária aos protestos, e deu com os burros n'água. As pessoas achavam-nos necessários com tudo o que eles pudessem acarretar.

Ainda na internet, jornalistas isolados chamavam a atenção para o fato de que a polícia truculenta, destacada naquele momento, agia assim todo dia com os moradores das periferias e favelas da cidade.

Só que, nesses caso, desferiam tiros de bala de borracha à queima-roupa em jovens brancos comprometidos com aquelas pessoas para as quais o acréscimo de 40 centavos diários pesava no orçamento, em senhoras, também brancas, que caminhavam assustadas pelas ruas buscando um lugar seguro. Aos negros e moradores de favelas e periferias destinavam, desde sempre, as balas de verdade.

Pelas ruas, as pessoas aterrorizadas procuravam a segurança diária do metrô, hiperlotado porque foi dia de greve do pessoal dos trens metropolitanos. Desoladas, jogavam-se nas escadas e corredores aquelas que podiam esperar que o movimento das estações abarrotadas diminuísse um pouco para seguirem rumo às casas.

Incrédulas e indignadas, muitas delas, que nunca tinham ouvido a palavra "vândalo", a incorporaram de imediato ao vocabulário para crucificar o povo da paz que lutava pela justiça nas ruas da cidade.

Enquanto isso, na Itália, uma vereadora de Pádua, cidade do norte do país, causou indignação nacional ao dizer em uma rede social que Cécile Kyenge, primeira pessoa negra a ser ministra no país, deveria ser estuprada.

Dolores Valandro, do partido direitista Liga Norte, tomava por base texto de um *site* italiano chamado "Todos os crimes dos imigrantes", contando sobre uma suposta tentativa de estupro de duas mulheres por um africano (gente do mesmo continente de Kyenge).

"Por que ninguém a estupra (a ministra negra), assim ela entende como se sente a vítima desse crime atroz?", escreveu em maiúsculas a parlamentar sobre uma foto de Kyenge, ministra da Integração, que nasceu na República Democrática do Congo.

A frase rapidamente circulou nas redes sociais e foi parar nos sítios de notícias. Pelo Twitter, Kyenge, de 48 anos de idade, dos quais 30 na Itália, disse que aquele tipo de linguajar ia além da sua compreensão, porque incitava à violência. Mais tarde, a ministra acrescentou que a agressão verbal foi "um insulto a todos os italianos".

Políticos de várias tendências recriminaram as declarações de Valandro, e um dirigente regional da Liga Norte disse que ela será expulsa do partido pelo seu comentário "inenarrável". A vereadora desculpou-se mais tarde em entrevista a uma rádio e negou que a Liga Norte seja racista.

Desnecessário concluir que a vereadora italiana e a polícia paulista (e brasileira, de um modo geral) bebem das mesmas águas contaminadas pelo totalitarismo.

Será a volta do monstro?

Parece que o vento virou, à direita, e os de sempre têm o leme nas mãos. Mãos sujas de sangue por tantos séculos, tantas gerações. Gerações de sesmeiros, exploradores de minas e escravizadores de gente, cafeicultores, usineiros, donos do cartel do transporte público. Transporte público que foi e é luta de vanguarda, pelo direito a viver na cidade, a desfrutar da cidade. Cidade que nos expulsa, que não nos cabe, não nos dá amor. Amor que se vê na Brasilândia, no Campo Limpo, no Morro do Alemão, que desce para o asfalto e exige o fim do extermínio da juventude negra, periférica, de favela. Amor que se respira na Revolta dos Turbantes. Turbantes que protegem e molduram cabeças e cabeleiras de potentes mulheres negras.

Negras mulheres que mais uma vez tingem as ruas e a noite com cores de alegria e força da transformação, com espadas banhadas em mel.

Mel que nos dá Oxum com chá de canela bem quente para que, despertas, acompanhemos o desenrolar dos fatos novos para alguns, tão velhos e conhecidos para nós.

Conhecidos como o são todos os expedientes da direita que não nos podem surpreender, tampouco nos apequenar.

Sobre-viventes

Aqui não teremos disputa eleitoral sangrenta, candidato! Ou o senhor tem informações privilegiadas para nos dar? Terá o senhor notícia sobre ataques sistemáticos e sincronizados próximos à data do pleito? Hein, candidato? Na quebrada o sangue escorre na noite das esquinas desertas e sombrias. O terror da represália brota das artérias dos que deveriam garantir a segurança pública, mas fazem segurança privada no comércio da região nos dias de folga. Diferentemente do tratamento dispensado aos moradores assassinados, os corpos são resgatados rapidamente e os colegas do finado trotam motocas possantes e carangos imponentes pelas ruas estreitas e fétidas das favelas próximas, instituem toque de recolher à base de grito e fuzis: "Mataram um dos nossos, seus vagabundos! Fica todo mundo em casa! Quem estiver na rua não volta pra casa, senão leva bala. Um nosso, dez de vocês!"

A onda do momento era matar sem pólvora, estavam enforcando a molecada. O senhor sabia? Não?! Precisa acompanhar as sutilezas da sua cidade, candidato! O governador atribuiu a culpa da matança às armas e drogas que o governo federal não coíbe. O senhor responsabilizará o governo do Estado pelos corpos recolhidos à baciada? Ou mentirá dizendo que atuará junto com ele para enfrentar o banho de sangue?

Só para informá-lo, ninguém aqui tem sangue extra para doar à sua eleiçãozinha mixuruca, de um mandato que não será cumprido, caso o senhor seja eleito.

Aqui, candidato, como no conto, avizinha-se o dia em que todos os esquadrões se unirão e formarão uma força invencível, disposta a acabar com a gente inocente que vive do outro lado da ponte.

Navalha na carne negra: três escolas de teatro negro em cena

No Festival Internacional de Teatro (FIT) de São José do Rio Preto 2018, durante a mesa Vozes da Diáspora, uma das atividades formativas, argumentei que o teatro negro é uma vertente do teatro brasileiro que se apresentou dessa forma pela primeira vez no Teatro Experimental do Negro (TEN), na década de 1940.

Esta experiência pioneira, liderada por Abdias Nascimento, na simplificação didática adotada por mim, propunha-se a criar uma estética negra e a encená-la; texto, atores, direção, corpo técnico, todos negros. A grande estudiosa da estética do TEN é a poeta e professora da UFMG, Leda Maria Martins, a quem podemos (devemos) consultar. Um dos resultados de sua pesquisa é o livro *A cena em sombras* (Perspectiva, 1995).

A estética do teatro negro contemporâneo, em larga medida, tem-se ancorado nos princípios da ancestralidade, mas não só. Há outras propostas cênicas que tratam do negro atual e seus dilemas urbanos e humanos, profundamente marcados pelo racismo; outras que experimentam formatos e linguagens mais subjetivas em contraponto àquelas mais panfletárias. Aliás, existe uma corrente reflexiva que defende o que é chamado de panfletário na dramaturgia negra, também como uma escolha estética legítima.

A experiência Fórum de Performance Negra – cultura sem racismo, iniciada na Bahia por Hilton Cobra e Luiza Bairros, em 2005, apontou caminhos para os coletivos de arte negra espalhados por todo o país. A princípio criaram-se Fóruns regionais e, mais recentemente, a partir da IV edição, em 2015, as pessoas amadureceram a necessidade de constituir Fóruns permanentes de difusão e reflexão sobre as artes negras.

Nesse sentido, criaram-se a Segunda Preta, em Belo Horizonte; as Segundas Crespas, em São Paulo; e a Segunda Black, no Rio de Janeiro. Espaços que têm fomentado a exposição, circulação e crítica interna da arte negra, que nos têm permitido aferir como modelamos nossas próprias escolas estéticas, como construímos nossas tradições e como implementamos política cultural feita por nós, sobre nós e para nós.

Navalha na carne negra nos revela um pouco dessas escolas, nos mostra como vimos nos constituindo como atrizes, atores e técnicos negros formados pelos coletivos negros de teatro e habilitados a explorar a técnica forjada nesses espaços para executar qualquer cena, não só as cenas negras definidas como tais.

Esse espírito político-educador, encarnado por Rodrigo dos Santos, convocou Lucélia Sérgio e Raphael Garcia para emprestarem seus corpos negros aos personagens de Plínio Marcos: Neusa Sueli, uma prostituta; Veludo, o camareiro gay; e Vado, o cafetão. É provável que este mesmo espírito presente nos atores paulistas do elenco tenha convocado Isabel Praxedes, jovem negra, estudante de cinema, que faz um trabalho vibrante, no sentido de dar muito movimento à câmera, e ao mesmo tempo, diluí-lo, porque ela, a *camerawoman* discreta, não puxa o foco para si.

Esse conhecido espírito político-educador, lá atrás, há mais de dez anos, levou a Cia Os Crespos a convocar o renomado professor negro do curso de Artes Cênicas da USP, José Fernando de Azevedo, a dirigir o espetáculo *Ensaio sobre Carolina*. Por essas razões, entre outras, dizemos que os princípios da ancestralidade ancoram o teatro negro brasileiro.

Outra ação que evidencia isso é a performance do experiente ator Rodrigo dos Santos na peça, um artista tarimbado por atuações consistentes no teatro, TV e cinema, vindo da escola de teatro negro carioca Cia dos Comuns. A princípio, enquanto o observava, avaliei que Rodrigo estava bem em cena, mas os outros atores, Lucélia e Raphael, estavam fantásticos. Talvez aquele fosse apenas mais um papel em sua longa trajetória e talvez por isso não tivesse o brilho a que assisti em outras montagens. Que nada, me descobri totalmente enganada quando soube que a ideia do espetáculo foi de Rodrigo, que empreendeu e convocou as pessoas. E Rodrigo é um homem de *asé*, o mais velho daquele grupo, e tenho a sensação de que ele cumpriu seu papel, fez a interpretação mais contida que o personagem requeria (o contrário disso seria exacerbar a violência) e abriu espaço para que o brilho dos dois atores mais jovens tomasse a cena.

Lucélia Sérgio é uma grande atriz que tem colocado todo o seu talento e técnica a serviço da escola de teatro negro paulistana Os Crespos. Ela se dedica quase integralmente ao coletivo, além das duas filhas, obviamente, e ser mãe-atriz, todo mundo sabe, é um custo adicional para a carreira da mulher (o ator-pai, por mais presente e/ou responsável pelos filhos que seja, sempre conta com apoios de que as atrizes-mães não dispõem). Como resultado da dedicação ao coletivo e à maternidade de filhas de menos de 5 anos, Lucélia investe menos na expansão de sua carreira artística do que gostaríamos, mas, neste *Navalha na carne negra*, sua performance contou com o auxílio luxuoso e poderoso da câmera de Isabel Praxedes. Lucélia Sérgio é uma atriz de silêncios, uma atriz que cresce sem a palavra. Isabel Praxedes compreendeu essa característica peculiar e mostrou detalhes de sua interpretação em momentos de ausência de texto, que não veríamos sem a câmera. Assim, em *Navalha na carne negra*, pudemos ver Lucélia Sérgio em seu esplendor.

Raphael Garcia é ator formado pela escola de teatro negro--paulistana Coletivo Negro. Um grande ator a quem Veludo deu a chance de mostrar quem é, vejam bem, quem é, não, a que veio. O ator quebrou as expectativas de nosso imaginário do personagem gay espalhafatoso, por meio de gestos econômicos, precisos e ricamente humanizados. Raphael Garcia construiu um Veludo memorável e surpreendente. Sua performance me lembrou o jogador Pogba mordendo a medalha da seleção africano-francesa, campeã da Copa 2018. A medalha era dele, conquistada pela luta, pela dedicação ao ofício, pela invenção de um lugar de existência numa realidade hostil. Era justo e legítimo que ele a devorasse em comemoração. Raphael Garcia devorou a cena, recebeu a medalha do público e da crítica.

Viva o teatro negro e sua técnica que se faz também fora dos coletivos negros estrito senso, e inventa lugares de existência para sermos o que somos e o que quisermos ser.

Lira Ribas e Valdineia Soriano, as melhores atrizes do Festival de Brasília do Cinema Brasileiro (2016 e 2017)

A mineira Lira Ribas foi premiada pela atuação em *Estado itinerante*, filme da conterrânea Ana Carolina Soares, que também foi escolhido como melhor curta e recebeu o prêmio Canal Brasil na 49ª edição do Festival de Brasília. Entre outras premiações foi também eleito o melhor curta do ano (2016) pela Ancine.

A baiana Valdineia Soriano foi condecorada como melhor atriz em longa-metragem por sua atuação no filme *Café com canela*, da Rozsa Filmes, dirigido por Glenda Nicácio e Ary Rosa. O filme venceu também no quesito melhor roteiro (Ary Rosa) e melhor filme.

Melhor filme!!! *Café com canela*. Isso é o que deve ter doído muito no cocuruto de gente bacana e indignada do mundo do cinema. Como assim? Um bando de nordestinos. Nordestinos pretos, onde já se viu? Vieram de onde? Da UFRB, formaram-se lá. O que é UFRB? Universidade Federal do Recôncavo da Bahia. Ah... uma universidade do Lula. Só podia ser. Petralhas!

Se observarmos o currículo de Valdineia Soriano, veremos que suas realizações são locais, soteropolitanas, baianas, e sua rede de contatos e extensões gravita em torno da Bahia. Uma pena para o Brasil, que demorou 30 anos para descobri-la, reconhecê-la e premiá-la.

Ao mesmo tempo, que maravilha esses novos realizadores negros que inscrevem seus filmes em mostras competitivas nacionais (e internacionais) e assim são vistos pelo mundo. Que se insurgem como aquele piloto de Fórmula 1 desconhecido ou pouco creditado, que aperta aqueles outros pilotos talhados para serem os campeões antes mesmo da corrida e grita com o pé no acelerador: "daqui não saio. Você pode até passar por cima de mim, mas esse é meu lugar e daqui eu não saio. Compreendeu?"

Quando vi a notícia da vitória de Valdineia Soriano, a quem tive o prazer de encontrar em São Félix (Recôncavo da Bahia), radiante pela gravação de filme "interessantíssimo", como caracterizou o *Café com canela*, prospectei ver uma manchete assim: "Pelo segundo ano consecutivo, uma triz negra é a melhor atriz do Festival de Brasília."

Imaginei pequenas biografias de Lira Ribas (melhor atriz de curtas em 2016, como já disse) e Valdineia Soriano (melhor atriz de longa-metragem de 2017), que destacassem as diferentes trajetórias de ambas, as convicções políticas, as reflexões sobre cinema negro, teatro negro, pessoas negras no cinema e no teatro, como realizadoras, protagonistas, críticas, etc. Não vi nada disso. Aparentemente, ninguém sabia quem era Lira Ribas, tampouco que ela foi premiada na 49ª edição do Festival de Brasília.

Temos problemas aí. Nós mesmos não nos vemos e perdemos a chance de emplacar a manchete "Pelo segundo ano consecutivo, uma triz negra é a melhor atriz do Festival de Brasília". Porque, afinal, estamos em processo e na crescente, conforme lembrou o cineasta Joel Zito Araújo em postagem recente em redes sociais: "Em agosto de 2017, o Encontro de Cinema Negro Zózimo Bulbul (10ª edição, Rio de Janeiro) apresentou 66 filmes produzidos e dirigidos por afro-brasileirxs, selecionados de 110 inscrições. Um número 100% maior que na edição anterior. Quatro deles foram selecionados por Brasília. Todos foram premiados."

O discurso político feito por Valdineia Soriano no momento da comemoração da vitória, entre companheiros do filme e veiculado pela cineasta carioca Yasmin Thayná em vídeo, é fundamental para situar do que falamos e o simbolismo dos prêmios conquistados pelo *Café com canela*. Aliás, a própria Yasmin escreveu texto elucidativo sobre o que pegou para a moçadinha que acha os pretinhos massa, desde que calados e não competitivos e vitoriosos.

No texto "Algumas coisas que aprendemos com o Festival de Cinema de Brasília" (*Nexo*, 02/10/2017), Yasmin Thayná analisa: "Um episódio que marcou a história do cinema brasileiro aconteceu algumas semanas atrás. No 50º Festival de Brasília do Cinema Brasileiro, realizadores negros levaram oito dos prêmios da mostra competitiva de longa e curta-metragem. Isso causou um rebuliço, muita gente não curtiu isso, não. Eu acho muito engraçado. Tem um pessoal do cinema, que se diz aliado, celebra, fala até que adora as nossas movimentações, os nossos filmes, a nova cena surgindo de novos cineastas brasileiros, no caso, os que são negros e de periferias brasileiras. Aí essa cena vai e ganha prêmios no Festival de Brasília. E aí esse pessoal não gosta, esculacha o festival, os curadores, os jurados, começa a fazer piadinha. Quer dizer: vocês são maravilhosos. Mas quando a gente perde, vocês deixam de ser. Eu acho isso muito engraçado porque muitos desses gostam de gritar "'Fora, Temer' no tapete vermelho, mas não gostam de ver preto ganhando prêmios importantes".

Outra cineasta, a baiana Viviane Ferreira, no artigo "O assombro que vaza da simples existência..." (Portal Geledés, 05/10/2017), comenta criticamente o artigo de Daniela Thomas em defesa do próprio filme (*Vazante*), não premiado como melhor longa-metragem no Festival de Brasília, e nos ensina: "O assombro, que vaza de nossa existência e desloca a branquitude do seu histórico lugar de conforto, é a incompreensão dos não negros de como é possível uma coletividade historicamente açoitada, de forma requintada e com aprimoramentos estéticos e tecnológicos, insistir em seguir simplesmente existindo. Mas não há segredos no que nos faz seguir e existir, sonhamos em ser velhas(os), em termos cabelos brancos e pele reluzente como a noite; é em nome de nossos sonhos, que não aplaudimos imagens acríticas de execuções de corpos negros. Nossa existência cheira a 'café com canela' e NADA nos fará desistir de nós mesmos. E que sigam assombrados com a nossa presença; ela é real, não é ficção."

Mas, insisto, nos falta reconhecer as muitas Lira Ribas, como nos faltou compreender que o professor Milton Santos não precisava utilizar a terminologia "população negra", para sabermos que ele falava sobre nós e para utilizarmos seus estudos a nosso favor.

É preciso fortalecer a convicção (consubstanciada por inúmeras provas) de que pessoas e produções negras em destaque, em posição protagonista de quem dirige a própria existência, significam rompimento do pacto civilizatório que adjetiva o Brasil como democracia racial. E isso é inadmissível para a branquitude de plantão.

O caso é que o piloto desacreditado não sairá da pista. Não haverá abalroada que o tire de cena.

Ação de marketing de Felipe Neto na Bienal do Rio

Amigas e amigos da radicalidade crítica ao mercado e ao Pink Money, se o título lhes pareceu que esta crônica acusaria o Felipe Neto disso ou daquilo, que discutiria o "bom uso do privilégio branco", tirem o cavalinho da chuva e parem a leitura já, para não se cansarem. Meu título, por óbvio, também é marqueteiro.

Para quem não sabe do caso (e muita gente soube porque o Felipe Neto se posicionou), o prefeito fundamentalista do Rio de Janeiro, um daqueles governantes que rasgam a Constituição e bombardeiam o estado laico no afã de criar um estado teocrático-miliciano, o pastor Crivella, mandou funcionários da prefeitura à Bienal Internacional do Livro do Rio para apreenderem uma HQ da Marvel, na qual dois jovens heróis, homens, se beijam.

Felipe Neto, um *youtuber* famoso, que tem revisto posições conservadoras do passado recente (que bom, as pessoas amadurecem e se recriam), posicionou-se de maneira consistente contra a arbitrariedade do prefeito-censurador. Como resultado, galvanizou o olhar da mídia e de milhões de pessoas, notadamente jovens, que prestam atenção ao que ele diz e, de quebra, ao comprar 14 mil exemplares de livros de temática LGBT para distribuir gratuitamente, fez um investimento de *self-marketing* genial.

Felipe dialogou com o mercado como se deve, utilizando a linguagem do mercado. De maneira direta, movimentou o mercado editorial. Aqui vai uma informação para o pessoal que mesmo compondo algum elo da cadeia produtiva do livro se isenta de "discussões menores", como a da circulação de livros no Brasil. Vender mil exemplares de um livro é osso, mesmo para editoras grandes que publicam autores reconhecidos pela crítica e pela imprensa literária. Leva-se entre dois e três anos.

De volta à ação de Felipe Neto, que chamou a atenção do público para um tema crucial de Direitos Humanos, o direito de as pessoas se amarem, e disse ao mercado: "Além de defender uma causa em que acredito, de ser frontalmente contrário à censura, de entender que este é um valor que deve ser espraiado entre as pessoas, principalmente as jovens, que levam em consideração a minha opinião, estou lidando com dinheiro, eu tenho dinheiro e vou comprar livros de temática LGBT porque os considero importantes e vou distribuí-los, gratuitamente, a qualquer pessoa que queira lê-los, e mais, vou aplicar uma tarja que define a proibição do livro para pessoas preconceituosas."

Foi uma ação de marketing efetiva dentro da Bienal do Livro, um local de negócios, todo mundo sabe que a Bienal é isso. E deveria saber também que o livro precisa ser comprado para que a cadeia produtiva do livro subsista. É lógico, também, que comprar livros de grandes editoras reverbera mais do que comprar livros de editoras independentes, que pouco chegam à Bienal porque os estandes são muito caros, assim como a manutenção do espaço e de funcionários. Grassa uma piada entre as editoras independentes e pequenas editoras, alguém pergunta, você vai expor na Bienal deste ano? E a pessoa responde: não, ainda estou pagando as dívidas de duas bienais passadas.

O marketing bom é o marketing inteligente e efetivo, você compra 14 mil livros e gera uma mídia espontânea cujo valor é bem maior do que seu investimento. E daí? Qual é o problema? Ações de marketing e política conversam, sempre conversaram e elegeram gente como Trump e Bolsonaro. Por outro lado, é muito positivo documentar filas quilométricas de pessoas que querem receber livros de temática LGBT distribuídos gratuitamente.

As pessoas aliadas têm interesses e é assim desde que a guerra é guerra. Estamos em guerra, se ainda não entendemos isso. E sim, essa ação de marketing político, feita por um homem branco jovem, tem sentido na guerra contra o fundamentalismo-miliciano que faz ações de marketing mal pensadas para recolher uma narrativa LGBT da Marvel na Bienal, enquanto prossegue na eliminação impune de corpos negros como se fossem baratas e ratos, por meio de planos precisos.

Um caso de amor entre vela e pólvora

"Que cheiro de vela queimada", diz o motorista, apertando o nariz. "Vela, não, parafina, ô, animal", corrige o cobrador, meio embriagado. "E do que é feita a vela?" pergunta o condutor. "Eu falei que o cheiro é de parafina, só isso!" "Perguntei do que é feita a vela", insiste o motorista.
Ficam naquele vai não vai até o cobrador sair com esta: "A vela só existe por causa do cordão." "Como é que é?", estranha o motorista. "Vela é vela, rapaz, com cordão ou sem cordão, o que vale é a forma, ela é vela." O cobrador retruca, descrente e sem alteração: "Vela só é vela se tiver pavio" "Rapaz", diz o motorista, "você é um defunto morto e eu não vou acender vela pra você. Vou dar outro exemplo: uma arma é uma arma, com bala ou sem bala, compreendeu, truta?"
A cronista ria, observava a paisagem humana no trajeto do coletivo enquanto buscava símiles, metáforas e metonímias para os textos diários. Em uma piscadela compreendeu

o cerne do debate filosófico entre o cobrador e o motorista, tratava-se ali da operacionalidade das coisas. O motorista era bom de lógica, daqueles que enxergam à frente, enquanto os outros pensam curto, no limite das coisas. Se voltar para a escola (é jovem), irá longe, tão longe quanto sua capacidade de raciocínio.

O preconceito racial é a parafina da vela, matéria-prima que se fará notar pelo cheiro, caso o pavio seja aceso. A discriminação, então, seria o pavio? Não! Parafina e pavio apagado não cheiram à vela queimada. A discriminação é a pólvora que detona e exala o mau cheiro do preconceito; provoca incêndios, destruição individual e em massa, desalento, cerceamento da liberdade e morte.

Pronto! Estava compreendida a operacionalidade das coisas. Tivesse a cronista um cachê qualquer para escrever, justo seria dividi-lo com cobrador e motorista.

125 anos de abolição e eles gritam mais uma vez que o poder é branco!

O Brasil real, branco e racista, quando se manifesta é tão virulento que produz certa apoplexia. Ele se organiza à revelia da legislação, da constitucionalidade das ações afirmativas, das decisões do STF e rasteja circularmente pelo assoalho da casa grande. Ele desconsidera tudo e todos em nome dos próprios interesses egoístas, autoritários, desumanos, dos privilégios quase de casta. Este Brasil se regozija em afirmar que, se não for do jeito dele e se não for tudo para usufruto dele, não será de mais ninguém.

Esse país real tem milhões de defensores, uns mais empedernidos, outros menos. Gente que se locupleta da arbitrariedade vil, pronta a argumentar que tudo deve ser de todos e para todos, leia-se, dos brancos e para os brancos que sempre tiveram tudo. E essa, no entendimento deles, é a ordem natural das coisas. E que os negros continuem nos seus lugares, domesticados.

Quando esse Brasil percebe que os negros estão se organizando, conquistando umas coisinhas poucas, trata logo de contra-atacar com os instrumentos bélicos adequados a cada momento. Seja no capítulo de novela das nove no dia 20 de novembro, em que uma personagem branca dá uma bofetada na protagonista negra que lhe pede perdão de joelhos por sentir-se responsável pelo acidente que deixara a filha da mulher branca tetraplégica, seja noutra novela, na qual um homem negro chamado Pescoço cai nas graças do povo pelo jeitão encostado, explorador de mulheres, somado ao racismo internalizado. É Pescoço, mas poderia ser joelho, cotovelo, calosidade, qualquer coisa, qualquer nota. Seja na decisão da Justiça Federal de suspender os editais de ação afirmativa da Funarte/MinC destinados a artistas e produtores culturais negros, em atendimento ao reclame de um juiz qualquer que resolveu obstar a vida e os sonhos de mais de dois mil proponentes negros.

Esse Brasil se levanta e vocifera que o poder é branco e continuará a sê-lo! E nós o encaramos nos olhos e prosseguimos.

Os velhos se vão, o velho grita

O tema da discussão era porque as personagens de um documentário sobre memórias da escravidão e seus desdobramentos deveriam ser mulheres e homens de 80 anos ou mais. Foram feitos cálculos para saber em que ano as tais pessoas teriam nascido, a idade presumível dos pais, quantas gerações teriam sucedido a lei de abolição da escravidão até o ano de nascimento da personagem, etc. As diretoras do documentário explicaram que a memória das gerações mais velhas sobre a escravidão, por a terem vivido ou por serem filhas de pessoas que a conheceram muito de perto, estava se perdendo pelo simples desaparecimento dessas pessoas.

Provocadas pela explicação, as pessoas-ouvintes iniciaram o levante da memória de netos e bisnetos da escravidão no século XXI. Era tudo tão vívido que parecia não haver a diluição do tempo. A transformação do tempo. O perdão do tempo.

Um contou como as crianças nascidas sob a égide do ventre livre eram tratadas numa fazenda de café, o avô fora uma delas. Eram presas por cordas no pátio para não brincar, para não atrapalhar a produção da mãe-trabalhadora, para executar alguma tarefa que a crueldade do escravizador designasse. Um índio urbano se levantou e contou que o avô, um negro da terra, era tratado daquele jeitinho.

Uma mulher contou como os sucessivos estupros sofridos pela avó deram origem à pele branca, ao cabelo encaracolado e aos olhos verdes dela, a neta. Por inveja e vilania, a esposa do estuprador mandara quebrar os dentes da avó para que ficasse feia, mas deixou o resto do corpo intacto para realizar a colheita de café.

Outra, ainda, contou que, numa fazenda isolada do interior de São Paulo, os escravizados só souberam do fim da escravidão em 1910. A revolta foi tão grande que todos se juntaram, dominaram os escravizadores, amarraram-nos dentro de casa. Fecharam todas as portas e janelas, incendiaram a propriedade e caminharam livres pela estrada.

Antologia do quartinho de empregada no Brasil

A aprovação da PEC das Domésticas estremeceu os alicerces impolutos da casa-grande e promoveu mudanças paradigmáticas no tratamento destinado às trabalhadoras domésticas, rumo à promoção da igualdade e da justiça social. A que pilares da casa-grande me refiro?

1 – Ao hábito da classe mérdia de manter em casa alguém remunerado (mal remunerado) para fazer todo o trabalho chato e indesejado. Resquício dos tempos da escravidão, quando os brancos tinham seu valor aferido pelo número de escravizados sob seu comando e posse.

2 – Ao hábito dos ricos e endinheirados de ter em casa trabalhadores nos quais possam mandar e os quais possam humilhar e agredir.

3 – À estratégia de mal remunerar esta categoria profissional e não reconhecê-la como aos demais trabalhadores, porque, afinal, domésticas trabalham dentro da casa dos

patrões, dormem numa dependência especialmente pensada e construída para elas, o quartinho de empregada. É fundamental tratá-las assim para que as coisas se mantenham em seus devidos lugares. Para que a ideologia da casa-grande prossiga inalterada.

4 – Dar à trabalhadora doméstica a sensação de que o empregador faz favor ao contratá-la. Como é sabido, os favores prestados para fidelizar o favorecido ao prestador do favor gera ônus, objetiva criar um clima de gratidão por parte da trabalhadora doméstica, que a leve a sentir-se honrada e agradecida por trabalhar para aqueles patrões em jornada excessiva, sem uma legislação que a regule.

5 – A trabalhadora doméstica, na mentalidade colonial da casa-grande, tem *status* inferior ao cachorro da casa que, por sua vez, merece tratamento VIP. O cão pode circular por todos os compartimentos da moradia e fazer o que quiser em qualquer um deles, tendo a trabalhadora doméstica para limpar suas necessidades fisiológicas.

A PEC das Domésticas não apresentava novidades significativas para quem já cumpria os direitos trabalhistas da categoria. Efetivamente, acrescentava 50 reais aos encargos por salário mínimo pago a uma trabalhadora. Entretanto, o mundo da casa-grande veio abaixo. Esgotou-se o estoque de livros de ponto nas papelarias. O mercado dos relógios de ponto foi incrementado com vistas a registrar o tempo trabalhado, demarcar o inexistente horário do almoço e, acima de tudo, evitar o pagamento de horas extras, regulamentadas depois de 77 anos de lutas do Sindicato das Trabalhadoras Domésticas.

A aprovação da PEC das Domésticas não impacta o que a classe patronal desembolsa para remunerá-las, mas opera mudanças simbólicas na abolição inacabada da escravidão. É a última etapa do processo, 125 anos depois da assinatura da Lei Áurea. É a lei que faltava para dar à trabalhadora negra o *status* humano que a exploração do trabalho doméstico lhe rouba.

O quarto de empregada arquitetado neste contexto representa, na estrutura da casa-grande (que pode ser também apartamento), a senzala contemporânea; o lugar-depósito de gente, desprovido de condições dignas de existir e de viver, acompanhado de banheiro exíguo.

Falar sobre o quartinho de empregada, então, diminutivo apenso às dimensões reduzidas e ao lugar de insignificância que ocupa, é discutir a mentalidade colonial da casa-grande que, como no período da escravidão, valoriza ou desvaloriza as pessoas de acordo com a função exercida.

O quartinho de empregada, para as trabalhadoras domésticas, era o local onde, em horas mortas, elas podiam ouvir, no rádio de pilhas colado ao ouvido, as canções de Carmen Silva, Evaldo Braga e Odair José. Narrativas das tristezas e desventuras de personagens muito parecidas com elas.

Hoje, mudou o aparelho sonoro, o rádio de pilhas virou *smartphone* e acompanha a trabalhadora ao longo do dia, no fone de ouvido. O repertório talvez tenha mudado, principalmente para as mais novas. Devem ter passado do romantismo da espera do príncipe encantado das músicas de Roberto Carlos para o tigrão pegador do funk, para a tigrona que não anda, desfila e quer ser capa de revista, além de tirar foto no espelho para colocar no Facebook.

A essência dos tempos permanece, mesmo que o repertório e o veículo para ouvi-la sejam contemporâneos. A música continua sendo uma área de respiro no opressivo e abafado quartinho de empregada.

Nota sobre a abolição da escravidão e o racismo

A abolição da escravidão é um tempo de longa duração. O evento terminou, mas o tempo dele perdura. O racismo, como sistema ideológico, não é desdobramento da escravidão. Trata-se de uma formulação construída no século XIX para justificá-la, para ratificar a inferioridade atribuída às pessoas escravizadas. Discutir o racismo, explicitá-lo, combatê-lo, é mais profícuo e profundo do que insistir nos efeitos da escravidão que fossilizam o lugar da lentidão inexorável das mudanças socioeconômicas necessárias para o crescimento da população negra. Vil armadilha!

É o debate sobre o racismo que nos permite decodificar a estratégia de pessoas brancas e até mestiças confusas e embranquecidas que ressignificam o lugar da casa-grande a cada pequena ação. Dia desses, publiquei uma crônica que narrava uma cena de discriminação racial protagonizada por um

homem negro que discriminava uma mulher negra durante cena de novela e tive exemplo desse raciocínio.
O texto desencadeou o seguinte comentário: "Ah! Por favor! Adoro a página (Nomes Afro e Africanos e seus Significados) e estou sempre na luta contra o racismo, intolerância religiosa, na luta dos gays, violência doméstica e tudo mais... mas, sinceramente, já virou paranoia, até a novela? Pelo amor de Deus!!!!!! Nada mais se pode falar que é discriminação, *bullying*, etc. até negro falando com negro vocês agora acham que é racismo? Vocês estão precisando procurar um tratamento, porque o racismo está em vocês, me desculpe."

É uma assertiva pobre, previsível, fácil de analisar à luz da operacionalidade do racismo no Brasil, vejamos:

1 – O texto citado pela leitora é autoral, assinado, mas em vez de criticar a autora, sabidamente negra, ela se dirige ao coletivo negro, aconselhando-o a procurar tratamento psicoterapêutico ou psiquiátrico, pois o racismo estaria internalizado nos membros do coletivo, adoecendo-os. O racismo funciona exatamente assim, toma a parte pelo todo. Os racistas destacam parte do grupo, fazem generalizações absurdas e tentam atingir a todos, porque não importa o indivíduo, importa que ele integre o coletivo discriminado.

2 – Com o objetivo de se autopreservar, a pseudodefensora dos negros, em primeira mão, nomeia as causas em que está envolvida: adora coisas de negros (a *fanpage* citada), luta contra o racismo, violência doméstica, intolerância religiosa, a favor dos gays e deve saber o que é melhor para esses sujeitos, pois, quando os discriminados ousam levantar a voz contra a opressão, cometem exagero.

3 – O mundo do entretenimento, da novela ideologicamente construída seria *locus* inofensivo, segundo o raciocínio rastejante da leitora. Logo, enxergar o racismo ali seria despropositado, paranoico.

SOBRE-VIVENTES!

4 – Por fim, a contradição: o racismo seria um problema internalizado pelos negros, segundo sua compreensão, mas estes não cometeriam atitudes discriminatórias em relação a outros negros. Deste modo, a percepção da autora quanto à discriminação racial de uma personagem negra contra outra seria absurda, ainda mais, em uma novela.

5 – Como coroamento de tudo, um pedido de desculpas que infantiliza os leitores e leitoras do comentário, como se a comentadora dissesse: "Sinto muito, mas eu precisava alertá-los, vocês são idiotas."

Viram? Não é difícil. É cansativo, mas não é difícil. Na medida em que nos detivermos no legado da escravidão, faremos o jogo da leitora, estacaremos no lugar de vítimas. Na esteira da subalternidade ficamos de braços abertos para sermos resgatados por redentoras, como ela.

Contudo, se assumirmos o lugar de alvos do racismo, olharemos dentro dos olhos dos racistas, decodificaremos suas práticas e ardis e poderemos destruí-los.

O leilão da virgem e a fita métrica

As moças, jornalistas tarimbadas, tomavam a cervejinha habitual das sextas-feiras enquanto reclamavam da falta de homens no mercado. Uma queria um homem decente, as outras queriam homens de verdade, estavam cansadas de donzelos, como diziam. Um cara com pegada (sem ser grosso), carinhoso (sem ser gay) e à moda antiga no quesito contas do restaurante e do motel. Não havia coisa mais deprimente do que dividir conta de motel com homem. No restaurante, ainda vá, mas no motel, não. Dava a sensação de que a moça estava pagando para o varão estar com ela.

Animadas, as produtoras de notícias zombavam da virgem catarinense leiloada. Provavelmente continuaria virgem, já que o lance vencedor fora de um japonês, elas gargalhavam embasadas pela crença de que o pênis dos japoneses era insuficiente para grandes coisas. Contudo, ela tivera sorte. Imagine se um africano leva? Coitadinha! Que nada, comenta outra. Aquela lá deve ter hímen complacente, não deve ser virgem coisa nenhuma.

Eu juro a vocês, seria mais feliz ao falar de flores, amores e pássaros, mas esse pessoal não nos deixa criar em paz. Respondam vocês, por favor, o que o leilão da virgindade da senhorita tem a ver conosco?

Tempos atrás, exibiram uma novela em que Adriana Esteves, décadas antes de imortalizar a vilã Carminha, era a personagem-consolo de um fazendeiro rico, velho, solitário e amargurado, representado por Antônio Fagundes. O homem havia perdido a esposa no parto do último filho. Este, já adulto, sofria terrivelmente, porque o progenitor, além de tê-lo rejeitado por toda a vida, responsabilizando-o pela morte da mãe, acabara de tomar-lhe a mulher amada, tornando-a sua insuportável madrasta. Marcos Palmeira representava o filho desprezado, crescido entre os peões da fazenda, amigos leais. Dentre estes, havia um homem negro, quarentão. Ele contrai matrimônio com uma moça recém-saída da adolescência, também negra, ajudante de cozinha na casa – grande.

Passada a primeira noite da lua de mel, considerando que peão e cozinheira não viajam, nem têm tempo para desfrutar a alfazema dos lençóis, e que estábulo e cozinha esperavam pelos dois personagens na manhã seguinte, eles deveriam voltar ao trabalho. Só que a cozinheira não aparece para cumprir as funções. Durante vários dias, fica acamada, estropiada pela potência do pênis negro. Essa foi a resenha dos peões a respeito do sexo descomunal do companheiro, órgão e ato.

Por outro lado, o pênis grande e assustador, fantasia do homem exúnico, indomável e virulento, é desejado para outros usos. É o solucionador de longos períodos de abstinência, o desbravador de todas as matas, o que encara qualquer caverna desconhecida. Aquele pronto para tudo, que a todas serve com alegria e presteza. Ai do homem negro, alto e sarado, de pênis pequeno ou mesmo menor do que a média nacional; será a encarnação mais nefasta da frustração. Ninguém aceita, nem as mulheres, nem os homens gays.

Ao japonês, por sua vez, precisam atribuir pênis pequeno; afinal, ele tem inteligência, dinheiro e *software*, nasceu no país mais evoluído do mundo (superou até a bomba atômica). É filho de um povo aguerrido, honesto e trabalhador, inventor do mangá, do sudoku e da comida japonesa. Uma beleza! E, convenhamos, o ocidente machista encontrou forma bastante eficaz de achatar o japonês em sua potência humana, ao estigmatizar seu suposto pênis pequeno.

O falo imenso é marca em brasa no corpo do africano negro e nos outros negros da diáspora. Há dias em que o querem para dar muito prazer; noutros, suportam-no, porque incomoda e machuca. De toda sorte, ele não faz parte de um homem-gente, de um corpo humano, é um pedaço cônico de tecidos, artérias e nervos, apontado para o Norte (sem bússola), nascido no meio de um boneco preto, ora desejado, ora ridicularizado, animalizado, sempre.

A guerra

Eu sou belo, sou forte, sensível e trabalhador
Você é vagabundo, feio, fraco, grosso e sujo
Eu sou limpo, trabalhador, belo, forte, sensível e honesto
Você é ladrão, sujo, vagabundo, feio, fraco, grosso e burro
Eu sou inteligente, honesto, limpo, trabalhador, belo, forte, sensível e guerreiro
Você é acomodado, burro, ladrão, sujo, vagabundo, feio, fraco, grosso e incompetente
Eu sou competente, guerreiro, inteligente, honesto, limpo, trabalhador, belo, forte, sensível e generoso
Você é egoísta, incompetente, acomodado, burro, ladrão, sujo, vagabundo, feio, fraco, grosso, fracassado, neurótico e tem síndrome de vítima
Eu sou alvo da sua metralhadora giratória, sou saudável, vitorioso, generoso, competente, guerreiro, inteligente, ho-

nesto, limpo, trabalhador, belo, forte, sensível e incansável,
incansável, incansável
   Eu quero ser feliz
   Você agora é feliz, não percebeu?
   Deixei de atirar para matar
   Só atiro para assustar
   Para fazer você correr
   De volta para o seu lugar.

Me leva, Calunga, me leva...

Depois de ter assistido a *A travessia da Calunga Grande*, a Cabine de Controle não me deixava dormir. Os olhos do Grande Irmão, desnudados desde *1984*, reapareceram aterrorizantes. Era a nova roupagem da Cabine de Controle.

O texto era muito bom, bem construído, tinha fio condutor e sabia aonde chegar. Diferia de um modelo que vem se tornando norma, pelo qual se mata – o "ditador-dramaturgo", o "ditador-diretor", e coloca-se no lugar dos "perfis ditatoriais" um texto frouxo, uma colagem esquizofrênica codinominada liberdade de criação coletiva.

Os atores, e aqui falo mesmo dos homens, eram excelentes, pelo menos quatro deles: Eduardo Silva, Sidney Santiago, Raoni Garcia e o pregoeiro, cujo nome escapou.

A pesquisa dos mitos iorubá e gregos era consistente e via-se que, de fato, sustentava com solidez o trabalho cênico do grupo.

A música, percussão e piano, ele, também um instrumento percussivo, eram discretos e dialogavam com o todo. O problema era a Cabine de Controle presente na concepção/ condução do espetáculo e nas reações reveladoras do público. No navio negreiro, cenário da peça, ocorria uma cena especial de agonia: um leilão de peças humanas. Reproduzia-se o clima de um pregão escravocrata, e a Cabine de Controle dentro dos espectadores desnudava-se em risos participativos cada vez mais sonoros, encorajados pelas manifestações divertidas em cadeia. Texto e atores demonstraram habilidades louváveis no sentido de trazer o público para a cena, mas, mais do que eles, era a Cabine de Controle, a atriz onipresente!

O pregoeiro apresentava jocosamente as peças em leilão, convidava o público a utilizar patacas recebidas na entrada do espetáculo para comprá-las. A audiência atendia ao chamado, participava entusiasticamente. Ao concretizar a venda, o pregoeiro imprimia o brasão do comprador nas costas da peça adquirida. Para representar a situação, um bife de carne vermelha era colocado no ombro da peça da vez e o ferro quente era aplicado. A cena materializava veracidade e violência quase indescritíveis, mas a maioria do público conseguia rir.

O riso prosseguia quando o pedaço de carne marcado a ferro era entregue numa pequena bandeja às mãos de cada comprador – era o certificado de posse! As peças compradas, cada uma com uma reação – de dor, ódio, medo, desespero, resignação – posicionavam-se à frente dos compradores e, apenas nesse momento, parece que alguns percebiam a falta de graça da cena.

Um escravizado com expressão de ódio insistia em falar a própria língua, talvez o *suahili*, pois na frase havia palavras bantas, ditas com sonoridade árabe. Como recurso último da opressão, o protagonista é calado por uma mordaça de ferro. Boa parte do público deixou de rir, mas podia-se ouvir um risinho ou outro, mesmo tímido. Por fim, o escravizado amordaçado encara o comprador, fulmina-o com o olhar, único canal de expressão aberto em seu rosto. O algoz encolhe-se na cadeira, a Cabine de Controle foi ameaçada.

Desculpem-me, meus colegas de plateia, se sou velha, ranzinza, não tenho senso de humor e não sei rir de uma "simples ficção", mas ali não vi graça, só agonia, dor e a presença acachapante da Cabine de Controle no barco Fortuna Tropical e em vocês, como parte eficiente da cena.

A compreensão da Cabine de Controle é uma questão de ponto de vista e de vista de um ponto. O lugar de onde vejo o mundo é aquele da canção de Reinado: "Quando eu saí de casa/minha mãe me incomendô/oh... minha fia, ocê num apanha/que seu pai nunca apanhô."

Processos educativos demoram toda uma vida, bem sei, mas há que haver celeridade para desconstruir a Cabine de Controle em todos os seus execráveis mecanismos de garantia de poder e privilégios para os que sempre estiveram na condução do leme e sua descendência.

Há que educar pelas nossas lentes, de objetividade mais profunda. Há que opor o sangue das lágrimas e do corpo do povo africano derramado na Calunga Grande, ao sal das lágrimas de Portugal no mar de Pessoa, para matar, de morte matada, a Cabine de Controle!

Estamos por nossa própria conta

À medida que ouço as manifestações oficiais de pesar pela morte da ex-ministra Nilcéa Freire e o justo reconhecimento de seu trabalho e legado por parte de autoridades de seu partido, do governo vitorioso e transformador que ajudou a construir, relembro o quanto senti (sentimos) falta de manifestações oficiais à altura do significado da perda da querida Luiza Bairros, ex-ministra do mesmo governo e do mesmo partido, em 2016.

A institucionalidade, inclusive aquela que ajudamos a construir, sequer nos (re)conhece, não nos identifica em nossa singularidade contributiva, como podemos esperar que ela nos reverencie, Cidinha, sua tonta.

E se ousarmos desafiar as instituições, como Tony Tornado fez ao criticar a voz e a forma de cantar da instituição Chico Buarque, preparem o lombo, porque o couro vai comer, e perguntarão: quem é você? Quem você pensa que é? Sabe com quem você está falando? E serão usadas todas as ferramentas discursivas para nos jogarem de volta naquele que julgam ser o nosso lugar.

É 2020 batendo à nossa porta, na nossa cara, "mais do mesmo", como dizem por aí. A frase "estamos por nossa própria conta", do líder sul-africano Steve Biko, é um mantra que não podemos abandonar, sob pena de sucumbir ao achar que somos alguma coisa neste mundo, que apenas nos tolera quando necessário.

Ana Paula Maia vende livros porque é negra, ou nos lembramos de que ela é negra como justificativa às vendas marcantes? A propósito, ser escritora negra é sinônimo de venda de livros no mercado brasileiro?

Em artigo publicado na *Folha de S.Paulo*, "A real da literatura fantástica", o escritor Santiago Nazarian, ao discutir os motivos de (in) sucesso (em termos de vendagem) de três livros abordados no texto, argumenta que: "Talvez o mais bem-sucedido desses três tenha sido o livro de Ana Paula (Maia), não apenas pelo ótimo texto, mas exatamente por não conter elementos fantásticos e se afastar das convenções do que se chama terror (além, talvez, de carregar uma bandeira involuntária, por ter sido escrito por uma mulher negra)."

Não tenho cabedal para discutir literatura de terror, mas posso e quero problematizar a suposta "bandeira involuntária", possivelmente carregada por Ana Paula Maia, por ser uma escritora negra, e o impacto de carregá-la na venda de seus livros.

Minha argumentação se baseia em dois pontos: o primeiro, a identidade racial de APM e a possível validação disso por meio de uma obra e de um discurso identitário. Segundo, a nova realidade do mercado livreiro, que instou (ou obrigou) livrarias grandes e médias a criarem uma microsseção dedicada às escritoras negras.

Em relação a APM, cumpre primeiro contar a vocês que mantemos relações cordiais, não somos amigas (não porque tenhamos qualquer coisa uma contra a outra, simplesmente porque não convivemos o suficiente para construir ou não uma amizade) e eu não tenho qualquer prerrogativa para falar em nome dela. Falo em meu próprio nome, a partir de minhas percepções.

Meu primeiro contato com a autora foi indireto, em 2013, no episódio da delegação brasileira indicada à Feira de Frankfurt, quando entre 90 escritores do país havia apenas dois negros, Paulo Lins e Ferréz, este, aliás, omitido por boa parte da imprensa (inclusive a imprensa negra), mesmo que Ferréz se compreenda e se reivindique como um homem negro.

Naquela oportunidade, a então ministra da igualdade racial, Luiza Bairros, por meio de tratativas com outra ministra, a da cultura, Marta Suplicy, conseguiu incluir mais seis escritores negros numa lista auxiliar. Entre esses nomes estavam Ana Maria Gonçalves, Ricardo Aleixo e Conceição Evaristo. Se a memória não falha, esses foram os nomes sugeridos pela ministra Luiza Bairros, aprovados pelo curador, Manuel da Costa Pinto, a despeito de um conjunto de nomes maior. Creio que os outros três autores contemplados nessa lista que apresentou o número mirabolante de seis autores negros, que somados aos dois da lista oficial constituíram 8,8% de 90 autores, foram indicados pelo próprio curador. Entre eles, disso me lembro com certeza, estava Ana Paula Maia.

Dado o interesse que nutro por conhecer autoras negras, busquei saber quem era APM, que eu só conheceria em 2017 ou 2018, quando fizemos juntas a Flipelô, em Salvador.

SOBRE-VIVENTES!

Ana Paula Maia é negra, isso é inequívoco, tanto para nós que a observamos, lemos e admiramos, quanto para ela mesma; contudo, diferente de outras autoras negras, APM não se reivindica negra, não é um ponto de sua vida e trajetória que ela fique demarcando. Em decorrência da compreensão da forma como ela se situa no sistema literário, perde sentido a afirmação de que um livro de sua autoria poderia vender mais porque ela é uma autora negra. APM não se vale desse bônus, tampouco o mercado cola essa etiqueta em sua obra.

Uma pessoa negra, nós aprendemos com o Movimento Negro dos anos 1970 e 1980, é aquela que se identifica como negra ou é tratada como tal. O sistema literário, por sua vez, nos mostra que, em termos mercadológicos, é preciso que você se reivindique negra, veicule um determinado discurso atribuído às escritoras negras, entre numa caixinha e fique de lá olhando o mundo e conversando com ele.

Ana Paula Maia não faz nada disso e imagino (é só uma suposição) que ela deva ter urticária ao ouvir a expressão "lugar de fala" e, principalmente diante da sugestão de que seu trabalho vende por esse motivo, por ocupar certo "lugar de fala". Os livros de APM vendem, porque, como o próprio Santiago Nazarian asseverou, têm um texto ótimo. Eu diria mais: trata-se de um texto surpreendente e arrebatador, que nos rouba o fôlego a cada parágrafo.

O segundo elemento de minha argumentação é algo que venho discutindo há algum tempo. Trata-se da recém-criada seção "literatura de mulheres negras" nas livrarias, uma espécie de "frango com tudo dentro", na qual se misturam autoras de livros de autoajuda, de empoderamento, ladainhas de superação e autoelogio, autoficção, abordagens teóricas para todos os níveis de exigência (ou nenhum) e, também, literatura. Livros escritos por autoras brasileiras, estadunidenses, africanas e da diáspora, notadamente aquelas que tiveram ou têm destaque nas principais plataformas e em

● 129

festivais legitimados e incensados pelo sistema literário; autoras publicadas pelos conglomerados editoriais e que também gozam de lugares destacados no sistema midiático, seja por motivos comerciais, seja pela eficiência das assessorias de imprensa das editoras.

Passeio pelo "frango com tudo dentro" das livrarias com frequência, vasculho, costumo saber que autoras o compõem, e posso afiançar que nunca encontrei, no meio do rebotalho, uma obra sequer da excelente bibliografia de APM.

Desse modo, acho um equívoco associar o sucesso de mercado de um livro de terror de Ana Paula Maia, ainda que de maneira indireta e involuntária, ao fato de ela ser negra. Não orna.

Corra para o cinema e depare-se com o racismo miúdo de todos os dias!

O filme *Corra* (*Get out*/Jordan Peele) foi o responsável por minha estreia como espectadora de filmes de suspense/terror numa sala de cinema. Minha experiência anterior e insignificante aconteceu frente à televisão, com dois ou três filmes a que não consegui assistir até o fim. Ou seja, vocês estão diante da confissão de alguém que não conhece e tampouco se anima com o gênero.

Movi-me até o cinema por duas vezes, devo dizer, para assistir a um filme de terror/suspense que tratava do terror do racismo, pelo que depreendi das resenhas lidas. Não me decepcionei. Aliás, me surpreendi muito. Positivamente.

Compartilho aqui as principais impressões de uma pessoa que tem alguma habilidade para compreender a operacionalidade do racismo e procurou decodificar como Peele fez o mesmo exercício numa obra cinematográfica inusitada. Não prometo mais do que isso neste texto.

A leitura do filme começa pelos locais e plateias. Estive em duas salas de ambiente *cult* distintas. A primeira, dentro da Universidade Federal da Bahia, frequentada por estudantes e principalmente por professoras(es). Nesse tipo de filme que toca em questões sensíveis aos Direitos Humanos, conta-se com uma reação de parte da plateia que quer mostrar o quanto é politizada. Quando enxerga pessoas negras afirmadas, então, capricham nos suspiros, comentários sobre o absurdo das situações racistas e outras intervenções durante a exibição, em tom especialmente alto que chega a atrapalhar a audição dos diálogos.

A segunda sala foi um espaço *cult* em versão comercial, o Cine Belas Artes, na cidade de São Paulo. Ali, com um público maior e mais diverso, a preocupação de parte da plateia em ser politicamente correta permaneceu, mas as interferências foram diluídas e a gente diretamente envolvida na trama do filme que, afinal, trata de coisas muito conhecidas por nós, negros (e por isso são aterrorizantes), gozou de um pouco mais de paz para assistir ao filme.

Passei os olhos por alguns comentários feitos por mulheres negras, principalmente, no sentido de que o filme abordou em profundidade as relações afetivo-sexuais entre homens negros e mulheres brancas. Não tive essa sensação. A meu sentir, a presença do racismo na relação amorosa inter-racial entre os protagonistas do filme, Chris e Rose, é mais um dos aspectos sinistros do racismo, mas não o tema principal ou central.

Dito de outra forma, Chris não me pareceu em momento algum que quisesse "ser branco", que quisesse abrir mão de ser negro ao namorar a personagem branca. Até porque, não existe espaço para isso na sociedade estadunidense. Chris me pareceu mais um desses meninos negros perdidos, fragilizados (no caso dele pela perda da mãe e ausência do pai), talvez vítimas da rejeição e da estereotipia causadas e alimentadas pelo racismo, e que se deslumbram quando qualquer mulher branca acena para eles. Mas todos sabem que continuam sendo negros subalternizados na hierarquia racial dos afetos, mesmo tendo "conquistado" o tipo de mulher valorizado pelos homens brancos, os donos do poder.

Escuso-me aqui de discutir histórias de amor entre homens negros e mulheres brancas, não é o foco do texto. Interesso-me apenas por problematizar o suposto desejo de Chris de "deixar de ser negro" por estar envolvido com Rose, mulher branca.

Chris, inclusive, é um fotógrafo bem-sucedido, que registra o mundo negro como se verá ao longo da narrativa (mantém-se ligado às referências que o formaram e que o projetam). É reconhecido profissionalmente e está no lugar dos negros que podem buscar o que há de melhor para si, porque se descolaram (com sucesso) da massa anônima. Por conseguinte, mais ou menos por uma questão de lógica da ascensão social, esses homens negros buscarão mulheres brancas, comprovação viva de que eles estão por cima da carne seca. A seguir, experimentarão a complacência possível da branquitude, a ilusão de pertencer ao clube VIP porque a marca do carro que dirigem é a mesma do carro do chefe. Mas ninguém deixa de ser negro por isso, não.

O diálogo entre Chris e o funcionário negro da fazenda dos sogros é elucidador. Diz o caseiro: "Ela (a namorada branca) é de primeira linha, não é? Se fosse minha, eu não largava mais." Rose é o emblema do sucesso que ali, na intimidade da conversa entre dois negros, é desnudado por um deles, aquele que já perdeu tudo. Até mesmo a própria vida.

O filme propõe outras tantas abordagens complexas. Logo no início, o aspecto traiçoeiro do racismo se evidencia. Um músico negro, que depois saberemos ser do Harlem, caminha tenso por um bairro de classe média branca à procura de um endereço. Talvez ele tema a polícia que considera os negros como suspeitos preferenciais porque, como justificativa do teatro do absurdo, precisam suspeitar de alguém. Talvez esteja com medo de cães treinados para atacar determinados perfis físicos como o seu, estigmatizados como ladrões. Talvez tema a segurança privada dos bairros endinheirados que, como a polícia, o considerará suspeito. Contudo, o racismo tem tantas faces e máscaras que se apresentará a partir de outro lugar não especulado aqui. Um homem trajando um capacete de ferro, saído de um imponente carro branco, lhe aplicará um golpe de jiu-jítsu (pelas costas) que o fará desmaiar. Depois ele será jogado no porta-malas.

Notem que é um homem branco que dirige um carro usando um capacete. Está bem, o cara pode ter posto o capacete apenas para atacar o homem negro, não dirigia com ele na cabeça. Mas, se considerarmos a primeira hipótese, posso também ler o ato como alegoria de que o branco pode tudo. Aquele homem branco de capacete e dirigindo um carro, provavelmente não seria abordado pela polícia do bairro, talvez nem fosse notado, tal qual um homem negro andando a pé seria (será). Porque aos negros, sabemos, não se garante plenamente o direito de ir e vir previsto em todas as constituições democráticas.

Outra marca da complexidade do racismo aparece quando Chris é hipnotizado como primeira fase do processo de espoliação de si e tenta resistir. Ele não quer se lembrar da dor que o desestruturou na infância, mas é forçado a isso. O racismo estimula nossos estados de fragilidade e desamparo. Chris afunda e fica lá, num lugar perdido. O chão escapa, a sustentação garantida pelas próprias pernas desaparece. Ele é jogado no buraco profundo de sua dor, da perda da mãe, pela qual ele se culpa, como se fosse possível tê-la salvado.

Instala-se a tortura de reviver a dor e a incompreensão do que se passa. É um pesadelo que não termina. É o buraco da impotência da criança negra que se vê sozinha no mundo e que poderá tornar-se um adulto suscetível a salvadores e hipnotizadores que manipulem sua dor. A namorada fará isso.

Por fim, o mais macabro de tudo é como o racismo escolhe aquilo que Chris tem de mais adequado e útil aos brancos do filme de terror. Chris é o prêmio do jogo. Ele emprestará sua virilidade ao velho caquético, cuja mulher saliva ao tocar as carnes rijas do negro; sua força física servirá ao jovem lutador que não é tão forte quanto ele; seu charme alimentará o homem que acha que ser negro está na moda; sua inteligência e perspicácia poderão servir a outro; sua visão perfeita, sua capacidade de enxergar o mundo e produzir arte poderão restituir a visão a um cego. Basta apenas preencher a cartela e vencer o Bingo para ganhar como prêmio o corpo e os dotes diversos de Chris, o negro, e assim revigorar uma brancura deficitária.

Corra é realmente um filme de terror racista e o mais aterrador é a certeza de que está embasado em fatos, amplamente conhecidos e experimentados por nós, gente negra do mundo.

Setecentos motivos para desejar que o filme de Taís Araújo sobre a doutora Joana D'Arc Félix aconteça

Eis que a imprensa de Pindorama resolveu destruir a imagem positiva de Joana D'Arc Félix, Doutora em Química, titulada pela Unicamp, uma das universidades de maior prestígio nas Américas. A mesma imprensa que se mostra delicada e covardemente parcimoniosa com homens brancos que mentem de maneira descarada sobre suas titulações, conquistas, méritos. Querem exemplos? Deem-se vocês ao trabalho de procurar. Escarafunchem a vida acadêmica dos ministros deste desgoverno, de homens de mídia e do empresariado, de ministros do STF, de outros totens da meritocracia branca, como fizeram com a Doutora Joana D'Arc, uma mulher negra oriunda da pobreza.

De maneira óbvia, o escrutínio ao currículo de Joana D'Arc aconteceu depois que a diretora Taís Araújo resolveu transformar a trajetória vitoriosa da professora de química em filme. Ah... isso era demais, um filme sobre aquela negrinha? Não devem ter faltado possíveis colegas de trabalho, ex-colegas do doutoramento, gente branca enciumada, enfim, disposta a denunciá-la à imprensa, que tratou então de transformá-la em caveira de burro, em nome do "bom jornalismo".

A ideia por trás da denúncia foi colocar em prática uma das lições básicas da cartilha do racismo, ou seja, esvaziar o ícone negro de significação. Pega-se uma parte do todo, o pedaço trôpego, incongruente, maquiado; a seguir, constrói-se uma engrenagem que o transforma no todo, naquela pessoa a ser destruída em praça pública porque errou.

É assim com pretas e pretos desde sempre. Lembram-se de quando Celso Pitta foi prefeito de São Paulo, um desastroso prefeito? Houve muita gente que disse: "viu o que dá votar em preto?" Algo similar não disseram a respeito de Fernando Collor ou do clã Bolsonaro. Ninguém atribui os desmandos, ignorância, desonestidade, articulação com milícias, manifestos pelos membros do clã ao fato de serem brancos. Mais do que artifícios, estamos diante de ferramentas eficientes do racismo estrutural para perpetuar lugares de subalternidade (intelectual, nesse caso) para pessoas negras.

Como aqui por essas plagas ainda entendemos pouco sobre a operacionalidade do racismo, comemos o reggae da imprensa branca e sua necessidade de construção de judas para serem malhados enquanto a vida acontece à nossa revelia, e não comparamos, por exemplo, o tempo de permanência de um judas branco e de um judas negro no noticiário. É notório que a mídia tem os judas de maior e menor predileção, e a execração de pretos dá ibope, é agente potencializador de longevidade da notícia.

Insuflar judas pretos e pretas é de lei. Fazê-lo de maneira vil e cruel se fará adequado todas as vezes em que a população negra ameaçar agir como povo. Todas as vezes que insinuar um olhar de dentro para sua própria história e o consequente destaque daquilo que julgue apropriado e potente para formar juízos de valor sobre os seus e, principalmente, para inspirar os mais novos.

O fantasma do Haiti de 1804 atormenta o imaginário da casa-grande até hoje. Por isso transformaram o Haiti nesse espectro de miséria que vemos ao longo da história, para punir os revoltosos e para intimidar outros insurgentes que busquem a liberdade.

Branco sempre sabe quem é negro. Nós, negros, é que nos confundimos (e nos dispersamos)!

É sério mesmo que tem gente interrogando a legitimidade da cantora negra Fabiana Cozza para ser uma das intérpretes de Dona Ivone Lara no teatro? É sério? Não é *fake*? Serão estas as pessoas que quando precisam de uma cantora negra poderosa, de atributos técnicos e artísticos inquestionáveis, disposta a entrar nos esquemas de brodagem, de cachê quatro vezes menor do que uma artista do naipe de Fabiana Cozza costuma cobrar, ou até mesmo sem cachê, procuram por ela? Afinal, Fabiana Cozza é um grande nome, chama o público, credencia qualquer evento e, acima de tudo, é sista, "consciente da causa", aquela que cola com a gente na corda.

Será que nós que agora discutimos a negritude de Fabiana Cozza o fizemos quando a expressão dessa mesma negritude servia aos nossos interesses? Quando ela se assumiu candomblecista, nós gostamos. Quando levou dezenas de artistas negros para o palco porque são talentosíssimos, competentíssimos e invisibilizados ou minimizados pela mídia hegemônica por serem negros, talvez tenhamos feito até vista grossa, já que Fabiana não faz proselitismo de sua militância artística em favor do povo negro, seu povo.

Notem, não estamos falando de uma alpinista racial. Estamos falando de Fabiana Cozza, alguém que nós, até ontem, até antes do anúncio (feliz) de que interpretaria Dona Ivone Lara no teatro, nós a reconhecíamos como negra. Nós a convidávamos para nos representar. Nós nos orgulhávamos de que ela nos representasse.

E Fabiana Cozza não é negra por conta de sua comprovada militância artística em favor do artista negro, não por isso. Há brancos que também o fazem e isso não os torna negros, em hipótese alguma, mesmo que alguns achem. Fabiana é negra porque se identifica como negra, é tratada como tal na sociedade racista brasileira e em outros lugares hierarquicamente racializados do mundo, e porque tem uma história de vida marcada pelo racismo no lugar de quem é alvejado por ele. Isso consubstancia uma pessoa negra, não é? E lembro outra vez, até ontem não tínhamos dúvida disso, depois do anúncio de sua participação no espetáculo que, para mim, foi motivo de júbilo, passaram a questionar sua negritude.

Por óbvio que não estou aqui esquecendo ou passando por cima dos aspectos cromáticos, da marca que as quantidades de melanina imprimem nas relações raciais no Brasil; contudo, não é disso que se trata nesse caso. Trata-se de deslegitimar uma cantora negra que todo mundo reconhecia como negra, justo quando chega a um patamar que nos leva a dizer "não, aí é demais. Ela não é tão negra assim, ainda mais se comparada comigo que não estou ocupando o lugar dela". Faremos o mesmo com Ana Maria Gonçalves em algum momento? Quando deixar de ser interessante para nós, diremos que ela "não é tão negra assim"? Minha questão é simples, por um lampejo de coerência, Fabiana Cozza não pode deixar de ser negra agora, se antes a víamos como negra.

Fico pensando se Clara Nunes estivesse entre nós e fosse convidada a interpretar Dona Ivone Lara, ela não poderia? Se Elizeth Cardoso fosse a bola da vez, também não? Escolhi essas duas cantoras de propósito, não só pelo fenótipo, mas porque estão entre as maiores do Brasil e, para interpretar Dona Ivone, só cabem grandes cantoras negras, como elas, como Fabiana Cozza. Além disso, além de cantar divinamente, é necessário também saber atuar como atriz.

Aqui, gente, para terminar esse papo desterritorializado e torto, vou mandar um papo reto enquanto as convido para um chazinho de hortelã com pão de queijo e biscoito de polvilho; vou perguntar uma coisa procês, na moral, procês que são fãs enlouquecidas da Angela Davis. Se Angela Davis, a diva bafônica, fosse cantora, assim, boa como a Billie Holiday, uma cantora negra monstra, vocês deixariam que ela interpretasse Dona Ivone Lara no teatro?

Este livro foi impresso em julho de 2021,
na Imos Gráfica, no Rio de Janeiro.
O papel de miolo é o pólen soft 80g/m²
e o de capa é o cartão 250g/m²